Thomas Aebischer

Am Fluss des Lebens

Sechs Wochen in der Klinik am Rhein

Impressum

Bibliografische Information der Deutschen Nationalbibliothek:
Die Deutsche Nationalbibliothek verzeichnet diese Publikation
in der Deutschen Nationalbibliografie; detaillierte
bibliografische Daten sind im Internet über www.dnb.de
abrufbar.

© 2022 Thomas Aebischer
Herstellung und Verlag:
BoD – Books on Demand, Norderstedt

ISBN 9783756223435

Inhaltsverzeichnis

Vorwort

Angst und Panikattacken sind weit verbreitet. In der Schweiz gehen Fachkräfte davon aus, dass rund zehn Prozent der Bevölkerung daran leidet, einer von diesen bin ich. Diese Feststellung schnörkellos hinzuschreiben, wäre mir vor einem Jahr nicht gelungen. Ich hätte versucht, die Anzeichen gut möglichst zu ignorieren und mich nach aussen hin cool zu geben. Das habe ich tatsächlich getan, obwohl meine Angstsymptome sich kontinuierlich steigerten. Ein Kribbeln in den Armen, ein Stechen in der Brustgegend, Magenschmerzen und Verdauungsstörungen, ein permanentes Unwohlfühlen und zunehmende Angst vor Aktivitäten an mir nicht vertrauten Orten, begannen mein Leben schon vor Jahren zunehmend einzuschränken. In den letzten zwei Jahren war ich deswegen bei verschiedenen Ärzten, in der Meinung, die Symptome seien organisch bedingt. Dies bestätigte sich nicht. Das Thema Angst rückte nach all diesen Untersuchungen in den Vordergrund. Noch funktionierte ich in meinem Alltag, musste aber nach verschiedenen, für mich gravierenden Ereignissen, im November 2021 professionelle Hilfe in Anspruch nehmen. Fachkräfte empfahlen mir, mich in einer Klinik behandeln zu lassen. Nach einigen Recherchen entschied ich mich für die Klinik Schützen in Rheinfelden, die für psychosomatische Leiden spezialisiert ist.

Am 6. Januar 2022 trat ich für sechs Wochen ein. Ich begann meine Therapien ohne Erwartungen, mit der Absicht, die verschiedenen Angebote kennenzulernen und möglichst für mich nutzen zu können. Neben den Therapieeinheiten blieb viel Zeit für mich. Ich machte ausgedehnte Spaziergänge in der Natur und beschloss, täglich über Themen, die assoziativ auftauchten, zu schreiben. Mir wurde schnell klar, dass ich kein Tagebuch im herkömmlichen Sinn schreiben wollte. Es sollte also nicht eine Auflistung der Geschehnisse der einzelnen Tage entstehen, sondern eine Sammlung von Gedanken, die sich während meines Klinikaufenthalts zeigten. Und so entstand der nachfolgende Text.

Das Schreiben war für mich eine Katharsis, ein in mich Hineinhorchen und ein wertvoller Prozess in der Auseinandersetzung mit mir selber und meinen Ängsten, Hoffnungen und meinem Sein. Emotionen und Gedanken verschmolzen dabei zu einem Ganzen und sind mit dem Text für mich greifbar und nachlesbar geworden. Es ist somit auch ein Text gegen das Vergessen dieser für mich so hilfreichen und erhellenden Zeit in der Klinik.

Jeweils zu Beginn der einzelnen Einträge habe ich einen Haiku geschrieben. Ich habe diese japanische Gedichtform vor einigen Jahren entdeckt und begonnen, eigene Haikus zu schreiben. Ein Haiku besteht aus drei Zeilen mit fünf, sieben und fünf Silben und bildet somit eine minimalistische Form der Lyrik, die mir sehr zusagt, geht es doch dabei nicht primär um das, was geschrieben wird, sondern um die Zwischenräume und Tiefen, die dabei entstehen und spürbar werden. Für mich war der tägliche Haiku eine Inspirationsquelle und er wurde für mich zu einem unverzichtbaren Ritual. Neben der verbalen Sprache ist auch der Ausdruck in der Musik für mich seit jeher wichtiger Bestandteil menes Lebens. Dies bewog mich dazu, jeden Tag einen Song auszuwählen, der für mich in diesem Moment, an diesem Tag passend schien.

Das Zusammenspiel von Haiku, Musik und Text berührt mich auf verschiedenen Ebenen und ermöglicht es mir, individuelle Zugänge zu meinen Themen jener Zeit in Rheinfelden zu finden, Themen, die auch heute in meinem Alltag präsent sind.

6. Januar

Haiku
Ich steh' am Anfang
Auf der Reise zu mir selbst
Willkommen Thomas

Musik
Nena: Der Anfang

Anfang
Nach wochenlangem Warten ist der Tag nun da, ich bin in Rheinfelden in der Klinik Schützen, wo ich voraussichtlich die nächsten sechs Wochen verbringen werde. Um halb elf Uhr hat mich meine Herzensfrau „abgeliefert", was mir richtig gut tat, war ich doch ein bisschen nervös, und einen so vertrauten Menschen an meiner Seite zu haben, war einfach schön. Die Aufnahme war von einigen Pannen geprägt, das Zimmer noch nicht bereit und ich musste letztlich über zwei Stunden warten, bis ich mein kleines neues Zuhause beziehen durfte. Während des Wartens überlegte ich mir kurz, ob dies zum Aufnahmeprozedere gehört, so unter dem Motto: „Mal schauen, wie sich der Klient in seiner solchen Situation zurecht findet und wie er darauf reagiert." Nun, ich blieb ruhig und gab keine deutungswürdigen Zeichen. Das Einrichten des Zimmers musste ich aus Zeitgründen verschieben, da bereits das Mittagessen wartete. Mit einer Mitarbeiterin meines Stockwerks und einer anderen neuen Klientin betraten wir das Restaurant des Hotels, wo uns erklärt wurde, was es beim Ablauf der Mahlzeiten zu beachten gilt; ich denke, ich werde es schaffen.

Der Auftakt war durchaus vielversprechend, ein schönes Fenchelsalätlein zum Einstieg, danach ein herzhafter Lammbraten mit Teigwaren und kleinen Maiskölblein, alles sehr lecker. Nach dem Essen richtete ich das kleine Zimmer ein, das mir mit dem Balkon und dem Blick auf den Rhein sehr zusagte. Kurzum, ich bin gut angekommen und bin nun sehr gespannt, was folgen wird, welche Phasen ich hier durchleben werde und was sich in mir vielleicht verändern wird, ohne dass ich es gleich wahrnehmen werde oder sich auch durch Paukenschläge bemerkbar machen wird.

Ich habe mich entschieden, in den nächsten Wochen die sozialen Medien nicht zu bedienen, das heisst kein Instagram und kein Vivino. Haikus möchte ich aber weiterhin täglich schreiben, jedoch ohne sie zu veröffentlichen. Bei Vivino fällt es mir insofern leicht, als dass der Konsum von Alkohol während der Dauer des Aufenthalts voll und ganz verboten ist, auch ausserhalb der Klinik und zuhause. Also, ich wende mich einer nüchternen Zeit zu und bin überzeugt, dass darin auch ein Zauber innewohnt.
Es ist spannend, welche Bilder im Laufe der Vorbereitung auf meinen Klinikaufenthalt auftauchten, so zum Beispiel das von Ali Baba, der völlig überraschend einen grossen Schatz entdeckt und so warte ich beinahe schon ungeduldig, ob der Spruch „Sesam öffne dich" auch für mich nicht geahnte Schätze freilegen wird. Aber es gibt auch innere Bilder, die einen düsteren Charakter haben: Vieh, das zur Schlachtbank geführt wird, sprich: Es gibt auch Ängste, denen ich mich stellen möchte. Und ich bin sehr gewillt, dem Metzger zu entkommen …

Freitag, 7. Januar

Haiku
Neue Gesichter
Viel Not, Ohnmacht und bla bla
Schicksalsgemeinschaft

Musik
Christoph Graupner: Angst und Jammer, Arie: Mein Elend drückt mich fast zu Boden

Erwartungen
Vielleicht ist der Text der Arie zu dramatisch, aber letztlich ist mein Empfinden durchaus vergleichbar, habe ich doch dauernd irgendwelche körperliche Schmerzen, die in ihrer Ursächlichkeit wahrscheinlich nicht physisch bedingt sind, sondern von seelischem Schmerz herrühren. Dem nachzugehen ist meine Intention hier in der Klinik und dies ohne Weichspülfilter, sondern in einer entwaffnenden Klarheit. Heute Morgen hatte ich den ersten Termin mit meinem Psychologen. Das Gespräch war sehr offen und ich fühlte mich gut aufgehoben. Nach dieser Kennenlernstunde bin ich gespannt auf die nächsten Sitzungen, wenn wir dann mehr in die Tiefe gehen können und sich dabei hoffentlich auch neue Erkenntnisse auftun.
Ich werde immer wieder gefragt, welche Erwartungen oder Hoffnungen ich durch meinen Aufenthalt hier habe und ich merke, dass das Körperliche sich in den Vordergrund drängt. Ich möchte keine Magenschmerzen haben, möchte keinen Druck in der Herzgegend und in meiner Brust mehr spüren. Ich möchte, dass meine Verdauung wieder normal funktioniert und dass meine Arthroseschmerzen abklingen. Da es nun so scheint, dass diese Symptome teilweise seelisch bedingt sind, komme ich nicht umhin, meinen Fokus darauf zu richten und

15

ein „seelisches Inventar" zu erstellen und dann meine „Innenräume" so einzurichten, dass ich mich darin besser bewegen und die Eckpfeiler, die für mein Wohlbefinden wichtig sind, erkennen kann. Es ist ein Erkunden und Ausmessen eines brachliegenden Landes, mit all den Gefahren, die sich bei einer Expedition in unbekannte Gefilde auftun. Und so komme ich mir momentan vor wie der Forschungsreisende Alexander von Humboldt. Auch ich erforsche in mir einen mir nicht wirklich bekannten Kontinent und werde neben dem Entdeckergeist auch eine grosse Portion Einsteckqualitäten dabei haben müssen. Das Gute ist, dass es hier qualifizierte Menschen gibt, die mich auf meiner Expedition unterstützen, auch wenn ich die Reise in meine eigene Tiefe alleine antreten muss. Ich bin aber gewillt, mich darauf einzulassen und habe das Gefühl, dass der äussere Rahmen hier günstig ist. Nun denn, wohlan, das Abenteuer darf beginnen.

Erkenntnis des Tages

Mir ist heute aufgefallen, wie gesegnet ich bin, von so vielen lieben Menschen umgeben zu sein; so meine Partnerin, die mich in die Klinik gefahren hat, meine Tochter, die mir schreibt und mir alles Gute wünscht und viele weitere Freunde, die sich gemeldet haben und mir zeigen, dass sie Anteil nehmen an meinem Sein. Und heute ganz besonders, die grosse Überraschung: In meinem Fächli war Post für mich, eine wunderbar gestaltete Karte, von meiner Schwester, mit Menschen darauf, die mir wichtig sind sowie ein herrliches Gedichtbuch aus Japan mit deutscher Übersetzung mit einem mich sehr anrührenden Brief meines besten Freundes. Da wurde mir bewusst, dass es nicht selbstverständlich ist, soviel Empathie erleben zu dürfen und dass dies nur möglich ist, weil die Beziehungen zu jenen Menschen tief, echt und aufrichtig sind. Dafür empfinde ich eine grosse Dankbarkeit.

Samstag, 8. Januar

Haiku
Mit Blick auf den Fluss
Auf der Brücke zum Gestern
Ankunft im Heute

Musik
To Athena: Angscht

Angst

Das Thema Angst hat mich heute, vor allem am Morgen, wieder heimgesucht und mich auf eine Reise zurück in die Vergangenheit genommen. Ausgelöst wurde dieses diffuse Gefühl meiner inneren Ohnmacht durch die kleine Zugfahrt, die ich unternommen habe, um am Standortgespräch meiner Tochter in der Sekundarschule teilzunehmen. Frohgemut machte ich mich in Rheinfelden auf den Weg zum Bahnhof. Und auf einmal, wie durch einen Schalter umgelegt, kam dieses Gefühl der Angst über mich, das ich nun schon seit Jahren kenne, das Gefühl der Unsicherheit, die lähmende Ohnmacht, die Angst, keinen Fluchtweg zu haben. Hier materialisiert mit dem für mich gefährlichen Zug, der die Türen schliesst und abfährt, ohne dass ich entrinnen kann, was ich auch nicht wirklich möchte. Der Zug ist die Verkörperung eines Gefühls, das in mir Panik auslöst. Es könnte auch ein Tunnel sein, ein Sessellift, ein langes Gespräch, ein Essen in einem Restaurant oder irgendein Anlass. Hatte ich dieses Unbehagen früher, bezog es sich, so glaubte ich, auf reale, für mich angsteinflössende Dinge, so zum Beispiel eben die Angst, durch einen Tunnel zu fahren. Ich war überzeugt, dass diese Phobie mit der architektonischen Enge des Tunnels zu tun hat. Oder die Angst, mit einem Sessellift zu fahren mit der Höhe. Diese Aspekte wirken sicher mit, aber sie sind nicht die eigentliche Ursache, dessen bin ich mir heute sicher. Dieses für mich so bedrohende Gefühl stellt sich unterdessen bei mir bei x-beliebigen Gelegenheiten ein, als würde die Angst immer stärker das Kommando übernehmen, als ob sie uneingeschränkte Macht über mich ausüben möchte, mit einem grössenwahnsinnigen Anspruch. Sie hat die Rolle eines wertvollen Begleiters, der mich in heiklen Situationen zur Vorsicht oder auch zum Handeln mahnt, eingetauscht gegen eine nichtsnutze, eigensüchtige Vorherrschaft, die nicht mehr die Funktion des Warnens wahrnimmt, sondern sich anarchisch in mir ausbreitet. Dies stelle ich fest, ohne zu wissen, warum und wie sich die Angst auf diese Weise für mich missbräuchlich entwickeln konnte. Es ist mir klar, dass es Angst ohne ein Gegenüber kaum gibt, respektive, dass die Angst wohl, einem Parasiten gleich, einen Wirt braucht, in dem sie sich ungehindert entfalten kann. Aber sie müsste eigentlich wissen, dass sie nur existieren kann, solange der Wirt an ihr nicht zu Grunde geht. Dieses Wissen gilt es nun zu erkennen, damit die Angst und der Wirt zu einem starken Gespann zusammenwachsen können.

Ich habe mir heute einige Gedanken dazu gemacht, woher diese Unsicherheit herrühren könnte, diese Unsicherheit, die sich letztlich in ein sich ausbreitendes Angstgefühl verwandelt. Ich bin überzeugt, dass am Anfang nicht die Angst stand, sondern eine Irritation des Selbstwertgefühls, im Wahrgenommen werden in meiner Kernfamilie. Ich glaube nicht, dass es mir an Urvertrauen mangelt, das Elend begann erst mit dem Erwerb der Sprache, als sich die Welt zusehends verbalisiert zeigte und gerade in Aussagen meines Vaters immer mehr an Zynismus und im Verkannt werden dazugewann. Im System meiner Eltern hatten ich und meine Schwester ein schönes und von den Eltern zugewandtes Leben. Dieses war aber primär nur innerhalb des von den

Eltern begründeten Systems möglich. Das Entwickeln eigener Ansichten, Hobbies und Interessen ausserhalb des elterlichen Rahmens war dagegen eher schwierig. Es wurde zwar nicht verhindert, aber auch nicht wirklich wohlwollend begünstigt. Als ich als Neunzehnjähriger Sänger einer Rockband wurde und meinem Vater gerne ein Lied vorgestellt hätte, war sein lapidarer Kommentar: „Nein das möchte ich nicht, ich weiss, was so halbstarke Typen machen." Dies entsprach weder der Wahrheit noch war es mir gegenüber taktvoll. Solche Momente, in denen mir vernichtender Zynismus entgegenschlug, gab es immer wieder und sie bildeten letztendlich die verbalisierte Unzulänglichkeit meines Vaters ab, der es offensichtlich nicht verstand, andere Meinungen, andere Interessen und andere Menschen in ihrem Tun gelten zu lassen, vielleicht weil er Angst hatte, dass sein eigener Erfolg damit geschmälert würde. Ich machte meine eigenen Dinge weiterhin, hatte aber meine Unbeschwertheit verloren, schwankte ich doch zwischen Neugier aufs Leben und der Angst, die Gunst meines Vaters zu verlieren – oder sie vielleicht nie wirklich gewinnen zu können. Als mein Vater 2020 starb, habe ich für mich die Zeilen geschrieben: „Ich weine nicht um den Vater, der gestorben ist, ich weine um den Vater, den ich nie gehabt habe." Diese Aussage stimmt nicht in allen Teilen, aber im Kern eben doch. War dieses Gefühl, um die Gunst des Vaters kämpfen zu müssen, doch ein bestimmendes Motiv in meiner Entwicklung zum jungen Erwachsenen. Das verbalisierte Unvermögen meines Vaters, der Zynismus und das Gefühl, nicht – im wörtlichen Sinn – wahrgenommen zu werden, haben mich meiner Sicherheit beraubt.
Ich war mit meinen eigenen Schritten im Erwachsenenleben stets angewiesen auf starke Persönlichkeiten, die mir diese Sicherheit gaben, oder ich war zumindest der Meinung, dass sie sie mir gaben. Ich war auf Menschen angewiesen, die ich

zu lieben versuchte, in der Hoffnung, dass diese Liebe erwidert würde und ich in meinem Kern gemeint sei. Das Lieben und Geliebtwerden gelang immer wieder mal und immer wieder mal nicht. Das Dilemma, in dem ich mich befinde ist, dass ich meine eigene Sicherheit nie richtig finden konnte. Und dass ich die Aspekte meiner Seelenlandschaft, in der ich als einzigartiges Wesen existiere, kaum kenne, weil ich sie veräussert habe, indem ich sie an starke Menschen und an Menschen, denen ich mein Herz schenkte, angehängt habe und somit immer auf das Wohlwollen dieser Menschen angewiesen war. Wenn sich diese Figuren in meinem Lebensstück verabschieden, zurückziehen oder sich von mir abwenden, mich verletzen oder eigene Wege gehen, fällt für mich meine Existenz in sich zusammen. Ich habe meine Existenz outgesourced, weil ich sie in mir nicht zusammenhängend finden kann. Die Frage stellt sich nun für mich viel weniger, *warum* es soweit kommen konnte, da habe ich vage Vermutungen, sondern vielmehr, *wie* kann ich dieses System durchbrechen, meine Sicherheit bei mir finden und damit meine eigene Quelle werden, die mich speist und die sich auch in andere Flüsse ergiessen kann, ohne dass sich Verlustangst breit macht. Verlustangst, die mich trifft, als einer der fürchtet, dass es ihn nicht gibt, nie gegeben hat, obwohl er sich im Spiegel der äusseren Welt immer wieder in Teilstücken erkennt.

Erkenntnis des Tages

Der heutige Tag war geprägt von meinem Besuch in der Sekundarschule, wo das Standortgespräch meiner Tochter stattfand. Wie zu erwarten war, gab es nur positives Feedback, was mich sehr freute. Nach dem Gespräch fuhren mich meine Ex-Frau und meine Tochter zurück nach Rheinfelden, wo wir zusammen zu Mittag assen und anschliessend noch in der Altstadt bummelten und shoppen gingen. Mir tat die aufgeräumte Stimmung sehr gut und ich bin froh, dass wir miteinander, nach vielen schmerzlichen Trennungsmonaten und Jahren, einen Umgang miteinander gefunden haben, der von Respekt und einer gewissen Dankbarkeit geprägt ist. Ich habe mir dies immer gewünscht und nun spüre ich, dass die Balance gegeben ist und das stimmt mich froh.

Sonntag, 9. Januar

Haiku
Klinische Freizeit
Wie früher im Elternhaus
Heute unverwandt

Musik
Genesis: The Chamber of 32 Doors

Führung
Ich habe gestern über das Gefühl des nicht Wahrgenommen werdens geschrieben, über den Zynismus meines Vaters, der nach aussen stark, unverletzbar und mächtig erschien, aber wahrscheinlich viele Schwächen hatte, die er nie zeigte. Und doch gab mir diese oberflächliche Stärke ein Gefühl von Sicherheit, zumindest solange ich seine fragile Fassade, mit den dahinter verborgenen Abgründen, nicht erahnen konnte. Nach dem Auszug aus meinem Elternhaus war ich lange auf der Suche nach einem spirituellen Führer, nach jemandem, der mir zeigen würde, wie Leben funktioniert. Ich sehnte mich nach einem Wissenden, der es gut mit mir meint und der für mich ein Rezept bereithält, das mich zu meinem inneren Selbst führen würde. Diese Sehnsucht war natürlich eine Illusion und so wurde ich regelmässig geblendet von vermeintlichen Einsichten und Erkenntnissen, die sich stets als hohl und nicht stimmig herausstellten. Unterdessen ist mir klar, dass Sehnsucht nicht auf diese Weise gestillt werden kann. Ich suchte letztlich einen Vaterersatz, einen Menschen, der mir Sicherheit geben kann und mich gleichzeitig wahrnimmt, mich unterstützt und empathisch mit mir den Weg geht. Da sich in der physischen Welt dieser Führer nicht finden liess, flüchtete ich mich zusehends in die Literatur, vor allem in Schriften aus den Bereichen Psychologie, Philosophie und Esoterik. Darin

23

fand ich Theorien und Modelle, die mir kurzzeitig einleuchteten. Ich erhoffte mir, sie würden mein Leben erhellen und für mich den in der körperlichen Welt nicht gefundenen Führer ersetzen. Ich las Carlos Castaneda, Paulo Coelho, James Redfield, Mary Summer Rain, Krishnamurti, Ken Wilber, C. G. Jung, Steve de Shazer und viele mehr. Die Ansätze in all diesen Büchern sind inspirierend, aber es sind Erlebnisberichte anderer Menschen, nicht meine eigenen, es sind Theorien, die Vorgänge erklären und Modelle, die Prozesse veranschaulichen, das Problem dabei ist: Ich als eigenständiges Wesen finde darin nicht statt. Ich kann allenfalls etwas davon über mich stülpen oder mir einverleiben, es bleibt aber etwas Fremdes, das nicht aus mir heraus lebt.

Es ist genauso wie Ken Wilber feststellt: *„Die Landkarte ist nicht das Land"*. Und genau dort liegt die Täuschung, zu glauben, je mehr ich lese und Bescheid über Theorien weiss, desto näher würde ich mir selber kommen. Diese Fremdmeinungen und vielleicht auch Weisheiten, stehen als Beispiele und fordern mich bestenfalls auf, meine eigene Theorie zu entwickeln, um schliesslich alle fremden Theorien und Modelle irgendwann abstreifen zu können, weil ich bei mir in immer schnelleren Kadenzen ankomme und aufgehe in meinem Sosein, das sich jenseits von Dogmen ausbreitet. All dieses Fremdwissen hat nicht dazu geführt, dass ich mich in mir aufgehoben fühle, im Gegenteil: Meine Ängste sind grösser geworden, meinen inneren Schutzraum habe ich noch nicht entdeckt. Ergo gilt es, die Strategie zu ändern und den Theoretiker gegen den Praktiker einzutauschen. Dies möchte ich hier in der Klinik ausprobieren und ich hoffe, dass ich Möglichkeiten finde, mein Kopfwissen mit meinem Körperwissen verbinden zu können. Ich glaube nämlich, dass meine Ängste eine Kopfgeburt sind, die sich im Körper manifestieren. Vielleicht muss ich den Mut aufbringen, die Kommandozentrale in meinem Kopf, der wahrscheinlich ein grosser Teil der Verantwortung für meine Misere zuzuschreiben ist, vorübergehend in Quarantäne zu schicken, um anderen Quellen Raum zu geben, sich zeigen zu können.

Erkenntnis des Tages

Für mich war es heute unglaublich schön, einfach loszugehen und das deutsche Rheinfelden zu erkunden. Ich spazierte über die grosse Brücke und habe auf der anderen Seite des Rheins die Wanderwegweiser studiert und mich dann spontan entschieden zu einer rund zwei Kilometer entfernten kleinen Brücke zu gehen. Obwohl mir in meiner gegenwärtigen Situation unbekannte Wege eher Mühe bereiten, wählte ich diese kleine Wanderung trotzdem und merkte, dass es mir dabei tatsächlich ein wenig mulmig zumute wurde, ich aber grundsätzlich unwahrscheinlich gerne Neues erkunde. Dieses Bewusstsein machte mir Hoffnung, dass dies das Ziel meiner Therapie sein würde, dass ich mich wieder hemmungslos in der Welt bewegen kann, weil die Neugier und nicht einschränkende Angst mein Grundnaturell ist.

Montag, 10. Januar

Haiku
Buch, Ton, Stift, Bett, Ich
Kleines Zimmer öffnet Raum
Wenig ist schon viel

Musik
Andreas Bourani: Was tut dir gut?

Was tut mir gut?
Dieser Frage möchte ich heute nachgehen, im Wissen darum, dass da so viele Dinge dazugehören können, und deshalb beschränke ich mich in meinen Ausführungen vorerst auf die Wohnsituation, weil ich mir diesbezüglich, seit ich hier in Rheinfelden bin, einige Gedanken dazu gemacht habe. Das Thema hat sich mir gezeigt durch den Umstand, dass ich aus meinem gewohnten Rahmen heraustreten musste und ich hier während sechs Wochen ein Zimmer habe, das klein ist und kaum Platz für viel Gegenständliches bietet. Und trotzdem, ich fühle mich hier sehr wohl. Dieses Wohlfühlen ist der springende Punkt und Ausgangsort meiner Überlegungen. Wie kann das sein, dass ich nur wenige persönliche Dinge bei mir habe und ich mich trotzdem wohlfühlen kann? Mir kommt zugute, dass das, was ich gerne tue, für mich auch en miniature möglich ist: Lesen, Schreiben, Musik hören und mich draussen bewegen, dazu brauche ich kaum Platz. Hinzu kommt ein ganz wesentliches Detail, das, so stelle ich fest, von grosser Bedeutung ist: Ich bin hier aufgehoben in einem äusseren Rahmen, der mir Schutz bietet. Die Klinik gibt mir Boden unter den Füssen, sodass ich es mir erlauben darf, zu „fliegen". Ich werde mir immer mehr bewusst, dass ich selber kein Rahmengeber bin, ich bin ein „Selbstentfalter" in einem vorgegebenen Rahmen. Um zu erklären, was ich damit meine,

27

blende ich in meine Kindheit zurück. Meine Schwester und ich hatten das Privileg, in einem grossen Pfarrhaus aufwachsen zu dürfen. Mein Zimmer war im obersten Stock, mit grosser Terrasse, gleich neben dem Glockenturm. Ich war der einzige, der sein Zimmer auf diesem Stockwerk hatte, was ich sehr genoss. Seit ich denken kann, fühle ich mich am wohlsten, wenn ich das Gefühl entwickeln kann, frei zu sein in einem sicherheitsspendenden Rahmen – in diesem Fall war es das Elternhaus. Ich genoss es abends, wenn meine Eltern manchmal, wenn auch selten, Besuch hatten, ich mich unbemerkt auf die Treppe setzen konnte, um den Gesprächen zu lauschen. Dies war für mich wie ein wohltuender Sommerregen, der sich über mich ergoss und ein Gefühl von Wärme und Glück in mir auslöste.

Meine Kindheit war geprägt von Aktivitäten im Umfeld des Pfarramts meiner Eltern. Meine Schwester und ich waren in viele Projekte involviert, sei es in Theaterproduktionen und der Jugendarbeit. So war unser „Spielzimmer" auch stets in den Räumlichkeiten der Kirche zu finden, zusammen mit vielen anderen Erwachsenen und Jugendlichen. In der Retrospektive erachte ich diese Vielfalt als Reichtum meiner Kindheit, auch wenn, wie schon erwähnt, im kleinen, persönlichen, familiären Elternhaus die Empathie oft fehlte und Emotionen eher unterdrückt wurden. Aber im Rahmen, den mir die Eltern absteckten, fühlte ich mich mehrheitlich wohl. Ich hatte das Gefühl von Sicherheit, in der ich meine Phantasien leben durfte, ohne dass sich jemand wirklich dafür interessierte. Das hat sich im Laufe der Jahrzehnte nicht verändert. Ich fühle mich am wohlsten, wenn es einen fremden äusseren Rahmen gibt, der mir Sicherheit gibt und der mir erlaubt, mich mehr oder weniger frei darin zu bewegen. Ich habe in den letzten sechs Jahren, seit der Trennung von meiner Frau, realisiert, dass ich nicht wirklich in der Lage bin, mir ein eigenes Nest zu bauen. Nicht weil ich dies nicht will, nein, ich bin nicht in der Lage, mir den sicheren Rahmen selbst zu geben. Ohne diesen Rahmen fühlt sich alles schal und leer an, egal mit wie viel Engagement ich versuche, bei mir anzukommen. Ich habe mich in meiner Jugend an einen vorgegebenen Rahmen gewöhnt und wurde in dieser Zeit auch nicht ermutigt, ihn zu verlassen und meine eigenen Argumente und Kriterien für ein eigenständiges Leben zu entwickeln. Dazu kommt, dass meine Schwester und ich nicht viel dazu beitrugen, um den familiären Rahmen mitzugestalten. Wir mussten kaum im Haushalt mithelfen und erlebten den funktionierenden Haushalt somit als selbstverständlich und gegeben.

Dies wirkt sich heute eher negativ aus. Vielleicht waren wir diesbezüglich verwöhnt. Fakt ist, dass ich es mag, wenn jemand anderes mein äusseres Lebensfundament gestaltet und ich mich darin entfalten kann. Selber kann ich dieses Fundament nur mit viel Mühe bauen. Das Fazit meiner Überlegungen mündet in die Erkenntnis: Meine Wohnform vom Einzelhaushalt ist für mich vielleicht falsch, obwohl ich viel Zeit und Raum für mich brauche. Ich würde gerne mit anderen Menschen zusammen einen Rahmen gestalten, in dem es Raum für den Austausch aber auch für den Rückzug gibt. Im Bezugnehmen und in Beziehungen mit Mitbewohnern fällt es mir leichter, mich zu entfalten. Diese Erkenntnis ist für mich wertvoll und sie ruft nach einer Umsetzung, damit ich auch in Zukunft wieder „fliegen" kann.

Erkenntnis des Tages

Ich brauche einen äusseren Rahmen, den ich mir alleine nicht geben kann, um mich so zu bewegen und zu entfalten, dass ich mich dabei wohl fühle.

Dienstag, 11. Januar

Haiku
Reden, zuhören
Therapie in der Gruppe
Wertvoller Austausch

Musik
Tomdonk: The Call

Lebensthemen
Diesem Thema will ich nachgehen mit Hilfe meiner Texte, die ich im Laufe der Jahre geschrieben habe. Als Quelle dienen meine Songs und meine vier Bücher „Die Tage mit dir", „Am Scheideweg", „Wir sind es – oder auch nicht" und „Klanginsel", die ich hier alle mit grossem Vergnügen wieder lese. Das Vergnügen bezieht sich auf das Eintauchen in meine frühere Gedankenwelt und das Erkennen, dass sich die Themen, die mich beschäftigen, seit jeher zeigen. Diese Schwerpunkte möchte ich aufgreifen und mir über die Hintergründe Gedanken machen. Entstanden sind die Bücher zum Teil durch viel subjektive Betroffenheit, aber, und das war schon während des Schreibens meine Absicht, mit einem öffnenden Ansatz, der etwas Archaisches und allgemein Gültiges in sich trägt. Wenn ich die Texte lese, kann ich diese Absicht gut nachvollziehen und ich finde nach wie vor, dass sich das Subjektive mit einer darüber liegenden, objektiveren Ebene verbindet. Nun, da ich selber Autor dieser Texte bin, habe ich das Privileg, bei meiner subjektiven Betrachtungsweise bleiben zu dürfen und die Motive und Zwischenräume zu beleuchten. Welche Themen sind, so auch in vielen Songtexten, prioritär vertreten und weshalb ist das so? Eine Analyse, die sich der Wahrheit nur mit kleinen Schritten annähern kann und nicht den Anspruch auf Vollständigkeit hat oder gar zu einer finalen

Erkenntnis führen muss. Es ist vielmehr eine Reise mit und zu Themen, die offensichtlich aus mir herauskommen und sich zeigen wollen. Vielleicht ist in diesen Kunstformen viel mehr zu finden als im nicht enden wollenden Gedanken wälzen und in Gesprächen, die sich schnell wieder verflüchtigen und in ihrem „gasförmigem Charakter" kaum Spuren hinterlassen. Mit dem geschriebenen Wort, das zuerst auch gedacht und erspürt werden musste, stehen mir nun kleine „Bouillonwürfel" zur Verfügung, die ich genauer betrachten kann, ohne dass sie sich gleich auflösen. Für diese Herangehensweise bin ich dankbar. Es ist, als würde ich in meinem Lebensbuch blättern können und was dort geschrieben steht, hat Gewicht, mal leichter, mal schwerer.

Das im Song wiederkehrende „Take me home" findet sich auch an anderen Textstellen immer wieder. Das Heimkommen, hier sogar als Bitte an einen Adressaten gerichtet. Wenn ich die Brücke zu meinen gestrigen Ausführungen schlage, sehe ich Parallelen. Ich schreibe nicht „Ich komme nach Hause". Nicht ich bin derjenige, der das Heimkommen initiieren kann. Die Aufforderung oder Bitte richtet sich an einen unbekannten Adressaten, der mit dem angesprochenen Führer gleichzusetzen ist. Ein Weiser, einer der mich kennt und es gut mir meint, ein spiritueller Führer, ein Engel oder ein weiser alter Mann, ein Schamane oder einfach ein Wissender soll es sein, der mich nach Hause führt, notabene an einen Ort, der nicht näher bezeichnet ist. Ist es ein Ort, den es in der realen Welt gibt, oder ist es eine geistige Heimat oder gar eine Todessehnsucht, in der Hoffnung ins Paradies zurückzukehren, in ein Elysium, das wiederum den äussern Rahmen darstellt, in dem ich bestenfalls fliegen kann? Vielleicht ist von allem etwas dabei. Was mit diesem „Take me home" genau gemeint ist, finde ich momentan nicht wichtig. Für mich stellt es eine Sehnsucht nach etwas dar, das ich in der physischen Welt verloren oder vielleicht noch nicht gefunden habe. Es bedeutet für mich auch den Wunsch, mit allem zu verschmelzen und Eins zu werden. Diese Verschmelzungsidee taucht ebenfalls in vielen meiner Texte auf. Wenn ich schreibe *„Wenn die Nacht mit tausend bestickten Augen wie ein Mantel mich umhüllt, kann ich manchmal den Ruf der Unendlichkeit hören. Gelingt es mir, der Spur zu folgen, tun sich mir Landschaften auf, die ich als Heimat erkenne."* Oder an anderer Stelle: *„Der Blick in deine Augen hebt mich genau für diesen Augenblick empor zu den Ufern hinter dem Horizont, wo die Wogen des Glücks Landschaften malen, die mit ihrem Klang meinen Geist erhellen."* Dies sind zwei Beispiele, die aufzeigen, dass die Sehnsucht nach Verschmelzung, nach Heimat, nach etwas Semiirdischem, eines meiner Grundmotive ist. „Hinter dem Horizont", wo ist das, was gibt es dort? Und dieses nicht Benennbare setze ich gleich mit dem Begriff *Heimat*. Ist es eine Flucht, Trost oder eine Deus ex Machina Funktion, unter dem Motto: Wenn ich etwas nicht erklären kann, dann erschaffe ich mir etwas Überirdisches, etwas Göttliches, das meine Rettung sein könnte, ohne zu wissen warum und wie dies von statten gehen soll?

In meinem Buch "Klanginsel" taucht Bruno auf, ein älterer Mann, dem Tobias, der Ich-Erzähler, zufällig auf der Klosterhalbinsel Rheinau am Rhein begegnet. Das Interessante dabei ist, Bruno könnte ein ganz normaler älterer Mann sein, der sich zum Zeitpunkt, als Tobias dort verweilt, ebenfalls da ist, aber so ist es nicht. Bruno ist der angesprochene Führer, er ist die innere Stimme von Tobias, sein Alter Ego, mit dem Tobias Dialoge führt, die eigentlich Selbstgespräche sind. Die Sehnsucht nach Führung wird in diesem Buch mit der Figur des Bruno gestillt. Schön daran ist, dass Bruno kein einem Roman oder sonst eines Fremdtextes entsprungener

Charakter ist, sondern sich aus dem Inneren von Tobias erhebt und in diesen Gesprächen sichtbar wird. Wenn ich Tobias mit mir gleichsetze, dann ist auch Bruno ein Teil von mir und somit habe ich mit der „Klanginsel" ein Fenster zu meiner inneren Wohnung geöffnet, durch das hindurchzusehen sich vielleicht lohnt, ist dieser Raum doch real ein Teil meines Ichs und befindet sich nicht irgendwo hinter dem Horizont. Es bietet sich an, die verloren geglaubte Heimat nicht hinter dem Horizont zu suchen, sondern mein persönliches, geheimnisumwobenes Tal Shangri-La in mir zu suchen. Und so schliesst sich der Bogen zum Entdeckergeist eines Alexander von Humboldt, indem ich meinen eigenen Kontinent bereise und den Horizont mal Horizont sein lasse.

Erkenntnis des Tages

Die Themen in meinem Leben sind noch immer dieselben wie vor vielen Jahren. Der Unterschied ist vielleicht die Herangehensweise und dies möchte ich herausfinden. Was verändert sich gerade mit meinem Erfahrungsschatz und welche Modifikationen im Umgang mit diesen Themen sind erstrebenswert oder laden mich einfach dazu ein, etwas Neues auszuprobieren?

Anmerken möchte ich hier, dass ich mich riesig gefreut habe über eine wunderbar gestaltete Karte von meiner Partnerin, die ich heute in meinem Fächli entdeckte. Es ist schön, zu wissen, dass Menschen an mich denken und Anteil an meinem Sein und Werden nehmen.

Mittwoch, 12. Januar

Haiku
Lesen und denken
Mit dem Schnellzug durchs Leben
Nächster Halt Heute

Musik
The Nits: Adieu Sweet Bahnhof

Adieu Sweet Bahnhof
Das Nits-Lied gefällt mir seit jeher und berührt mich mit seiner beschwingten Melancholie. Ich habe den Text nun bewusst gelesen und habe das Gefühl, er passt sehr gut zu meiner momentanen Situation. Manchmal gilt es den vertrauten Platz, den süssen Bahnhof zu verlassen, um sich Neuem zuzuwenden, einem Ort, der so einiges verspricht. Auf der Reise vom Vertrauten, hin zum Unbekannten, bleibt viel Zeit, sich den vorbeiziehenden Gedanken hinzugeben „My train of thougts is leavin". Es kommt einem Eintauchen in eine Zwischenwelt gleich. Die Strecke von hier nach dort gleicht einem Vakuum, das Alte ist sich am Verabschieden und das Neue ist am Auftauchen, aber Abfahrts- und Zielort sind nicht mehr oder noch nicht greifbar. Es ist eine Reise im äusseren Niemandsland, in dem das Ich auftauchen kann, das Ich, das genau für die Zeit der Reise heimatlos sein darf und sich somit ehrlich und ungeschminkt zeigen kann. Diese Reise macht nicht nur Spass und soll es auch nicht. Für mich ist die Zeit hier in der Klinik diese Reise. Ich habe meinen sweet oder bittersweet Bahnhof verlassen und weiss noch nicht genau, wo der Zielbahnhof ist. Ich bin auf der Reise im Niemandsland und will mich dem auftauchenden Ich zuwenden, in der Hoffnung mehr über mich zu erfahren und mit der Absicht, neuen Impulsen nachzugehen und neue Wege

auszuprobieren. Und deshalb ist es richtig, sich mit dem süssen Ausgangsbahnhof zu beschäftigen, was sich aber als knifflig und paradox gestaltet. Der Ausgangsbahnhof hat eben viele süsse Elemente, von denen ich mich nicht gerne trenne. Nicht primär weil sie gut sind, sondern vielmehr weil sie zu meinen antrainierten Mustern gehören und ich mich damit einigermassen sicher fühle, was aber nicht heisst, dass diese Gewohnheiten mich weiter bringen. Jetzt, da mein Inneres versehrt ist, greifen sie sicherlich nicht mehr und schaden mir zusehends. Ich möchte auf meiner Reise herausfinden, wie meine Matrix sich zeigt und welche Elemente, wann und weshalb entstanden sind. Ich glaube nicht, dass ich diese im wörtlichen Sinn eingefleischten Muster einfach so ändern kann, aber vielleicht gelingt es mir, einige davon zu erkennen und damit wäre schon viel erreicht. Um ein konkretes Beispiel zu nennen, mir ist klar, dass ich dazu neige, es allen Menschen recht machen zu wollen, nicht wegen des Gegenübers, es geht dabei um mich. Ich habe Angst, dass wenn ich es nicht tue, die Menschen mich nicht lieben und ich somit einsam und verloren bin. Dieses Muster hat sich im Laufe meiner Kindheit entwickelt und es gibt sicher Gründe, weshalb das so ist, diese interessieren mich aber momentan nicht, auch wenn ich schon eine gewisse Ahnung diesbezüglich habe. Mich interessiert, wie ich mit diesem Bewusstsein umgehen kann und ob ich für mich einen Weg beschreiten kann, auf dem ich lerne, dass das Gefühl des Einsam- und Verlorenseins und die Angst, nicht geliebt zu werden, umzupolen. Gelingt es mir, in mir diese Nestwärme zu finden, die mir Sicherheit und Geborgenheit verleiht, dann werde ich auch nicht mehr den Zwang spüren, es allen Menschen recht machen zu müssen.

Die umgekehrte Herangehensweise, also mit dem Rechtmachen wollen aufzuhören, wäre eine oberflächliche technische Pseudolösung, weil sich an meinen Grundängsten damit nichts ändern würde. Meine Ängste sind die Ursache für mein zwanghaftes Handeln und nicht umgekehrt. Süsses macht natürlich auch Freude, aber mir kommt es ein bisschen so vor, wie beim Kauen eines klebrigen Fruchtgummis, der an den Zähnen kleben bleibt und sich partout nicht vom Zahnschmelz lösen will. Lasse ich ihn dort kleben, werde ich sehr bald grössere Probleme mit meinen Zähnen haben. So ist es auch ein bisschen mit dem „sweet Bahnhof". Irgendwie macht er Freude, aber klebt an der Seele und wenn er dort zulange bleibt, richtet er ebenfalls Schaden an und der Zahnarzt mutiert zum Psychologen, der mithelfen soll, den Bahnhof zu entsüssen. Ich bin bereit, mich der Reise hinzugeben und bevorzuge erst mal eine zuckerfreie Destination, die sich einfach so zeigen darf, wie sie ist und dasselbe möchte ich auch für mich in Anspruch nehmen, mich zu zeigen, wie ich gerade bin. Nun denn: „Adieu sweet Bahnhof."

Erkenntnis des Tages

Das Gespräch heute Nachmittag mit meinem Psychologen war für mich sehr hilfreich, weil konkrete Techniken angesprochen wurden, die im Umgang mit meinen Angstattacken helfen könnten. Wir haben das Atmen besprochen und die Tatsache, dass für eine beruhigende Wirkung das lange bewusste Ausatmen viel wichtiger ist, als das Einatmen, das so oder so einfach „passiert". Im Weiteren haben wir davon gesprochen, wie wichtig es ist, sich der Angst nicht zu verschliessen und nicht den Fehler zu begehen, die Angst eliminieren zu wollen. Es gilt viel mehr, sie anzuerkennen und ihr mit Vertrauen zu begegnen, so zum Beispiel mit dem Wissen, dass mein Herz gesund ist und meine Organe auch. Es besteht also keine Gefahr, dass mir von dieser Seite her ein plötzliches Unglück widerfahren könnte. Mit diesem Vertrauen in meinen Körper, verlagert sich der Fokus und gibt der Angst weniger

Aufmerksamkeit. Die Angst wird dadurch automatisch weniger Raum einnehmen und sich als Begleiter dazugesellen, ohne das Kommando zu übernehmen. Diese zwei praktischen Methoden möchte ich üben und meine Erfahrungen damit machen.

Donnerstag, 13. Januar

Haiku
Ich habe Ängste
Die Monster sind überall
Ich bin Herr im Haus

Musik
Peter Gabriel: Darkness

Meine Ängste
Die Kernaussage im Song von Peter Gabriel ist für mich die berührende Passage, in der er singt: „I have my fears, but they do not have me". Ja die Ängste sind da, aber ich nehme sie einfach wahr und lasse mich nicht von ihnen beherrschen. Dies gelingt mir manchmal auch recht gut, aber die Gratwanderung wird zusehends bedrohlicher und die Ängste übernehmen mehr und mehr die Macht und beanspruchen sehr viel Raum. Ich versuche zu beschreiben, wo und in welchen Situationen sie auftauchen und welche Folgen sich daraus für mich ergeben. Ich kann mich gut erinnern, wann ich dieses Gefühl, ohnmächtig zu werden, weil irgendeine diffuse Angst völlig plötzlich und nicht absehbar über mich herfiel, zum ersten Mal verspürte. Das war auf der Fahrt mit meinem Wagen von Basel nach Zürich ins Fernsehstudio, wo ich damals arbeitete. Das dürfte irgendwann Mitte der 1990-er Jahre gewesen sein. Um nach Oerlikon zu kommen, musste ich jeweils durch den Gubristtunnel fahren. Diese Röhre hat eine tiefe Decke, ist düster und wirkt mit dem täglich grossen Verkehrsaufkommen eng. Und mitten drin passierte es, die Angst durchflutete mich wie ein Tsunami und ich bekam einen trockenen Mund, begann am ganzen Körper zu zittern und mir wurde übel. Dieses Gefühl verabschiedete sich nach ein paar Sekunden wieder, aber es blieb eine traumatische Erinnerung

daran zurück, denn das Zittern hielt noch minutenlang an. Ich war völlig perplex und konnte mir nicht erklären, was sich da genau ereignet hatte. Ich dachte, vielleicht leide ich unter klaustrophobischen Zuständen, was in der Enge des Tunnels gut erklärbar gewesen wäre. Seit diesem Tag fuhr ich nie mehr in einen Tunnel, ohne an dieses Erlebnis zu denken und auf der Hut zu sein, ob mir das Gleiche wieder passieren würde. Häufig war die Vorsicht umsonst, aber die Wiederholungen folgten und gaben mir die Bestätigung des Gefühls, dass in Tunneln tatsächlich Gefahr droht. Mit dieser Erkenntnis begann ich, wenn immer möglich, die Tunnels zu meiden und längere Umwege in Kauf zu nehmen. Unterdessen kommt eine Fahrt ins Tessin durch den Gotthard für mich überhaupt nicht mehr in Frage und ich rede mir ein, dass das Tessin in seiner Schönheit sowieso überbewertet ist. Das ist selbstverständlich Unsinn, aber ich versuche den Umstand, dass die Angst das Kommando übernehmen könnte, damit schön zu reden.

Im Sommer 2020 waren meine Partnerin und ich unterwegs im Norden Deutschlands. Normalerweise war ich auf dieser Reise der Beifahrer, mit einer Ausnahme am letzten Tag, als wir von Quedlinburg südwärts nach Hause fuhren. Ich sass also am Steuer und wir durchquerten den Thüringer Wald und plötzlich war da ein Tunnel, der Rennsteigtunnel, der mit seinen knapp acht Kilometern der längste Autobahntunnel Deutschlands ist. Ich realisierte bei der Einfahrt die angeschriebene Länge und hatte während beinahe einer Minute Todesängste, konnte mich aber trotzdem auf das Fahren fokussieren und überlebte auch. Aber der Preis war hoch für mich und hat sich wie bei vielen anderen Situationen zuvor in meine Seele oder in meinen Körper gebrannt. Ich kann mir gut vorstellen, dass die Angst, bildlich gesprochen, zu einer Riesenparty geladen hatte, um mein Zittern und Schwitzen so richtig zu feiern. Das sind Situationen, die mir deutlich zeigen, dass nicht ich Herr in meinem Haus bin, sondern die Angst oder die Ängste das Zepter übernommen haben. Es geht längst nicht mehr um die Angst vor etwas Konkretem, wie zum Beispiel einem Tunnel; die Angst entfaltet sich nicht mehr an Gegenständlichem, sie breitet sich aus, wo und wie es ihr gerade passt. Ich habe Angst mit einer Gondel oder einem Sessellift den Berg hinaufzufahren, ich habe Angst mit dem Zug oder der Strassenbahn zu fahren, ich habe Angst ins Kino oder ins Theater zu gehen und wenn, dann muss ich schauen, dass ich einen Platz am Rand erhalte. Ich habe Angst in ein Restaurant essen zu gehen, es macht mir Angst bei Freunden einen Abend zu verbringen und häufig habe ich Angst, einfach so. Diese Situationen schränken meine Lebensqualität massiv ein und machen mich ohnmächtig. Und genau diese Macht möchte ich für mich wieder zurückgewinnen.

Es geht nicht darum, die Ängste zu verbannen, aber ich will das Kommando zurück und möchte die Ängste in Situationen, da sie mit ihren Eigenschaften wichtig und notwendig sind, an meiner Seite wissen. So wie Peter Gabriel singt, ich habe Ängste, aber die Ängste haben nicht mich. Ich hatte gestern und heute die Möglichkeit, in meiner Einzelpsychotherapie und in der Gruppentherapie wertvolle Inputs dazu zu erhalten, die ich in meiner Erkenntnis des Tages schildern werde. Ich merke aber, dass ich mit der Rückeroberung des Kommandopostens noch am Anfang stehe und es viele kleine Schritte brauchen wird, um das Vorhaben erfolgreich abschliessen zu können. Was sich über Jahre in diese für mich bedrohliche Richtung entwickelt hat, kann ich nicht auf Knopfdruck umkehren, es braucht Geduld und ein sich Hinhalten im ganzen Prozess.

Erkenntnis des Tages

Ich habe mit meinem Psychologen über meine Ängste gesprochen und er hat mich darin bestätigt, den Bewegungsraum nicht einfach hinzugeben aus Angst vor der Konfrontation mit der dahinterliegenden Angst. Das trotzdem Handeln ist wichtig und ein kleiner Schritt in die Selbstbestimmung. Er meinte auch, dass es nicht darum gehe, die Angst auszumerzen, da sie auch lebensnotwendige Funktionen wahrnimmt, sondern sich vielmehr dem Vertrauen hinzugeben, zum Beispiel im Wissen darum, dass mein Herz und andere Organe gesund sind. Ein Vertrauen, das darauf basiert, dass ärztliche Untersuchungen stattgefunden haben, die klar belegen, dass ich körperlich gesund bin. Dies sollte mir Sicherheit geben, dass selbst wenn ich das Gefühl habe, mit meinem Herz stimme was nicht, ich mich dem Vertrauen zuwenden kann, dass dies nicht möglich ist, weil es Untersuchungsresultate gibt, die das Gegenteil belegen. Es geht darum, den Fokus zu ändern und mich mehr, auch kognitiv, dem gesunden Anteil zuzuwenden. Damit bekommt die Angst weniger Aufmerksamkeit. Vertrauen ist die Kehrseite der Angst. Ein weiteres probates Mittel, um mehr in die Entspannung zu kommen ist das Atmen. Dabei ist es wichtig, dem Ausatmen grosse Beachtung zu schenken. Beim doppelt so langen Ausatmen wie Einatmen wird die Luft aus dem Körper gepresst und somit bietet sich die Möglichkeit, beim Einatmen, das automatisch einsetzt, viel tiefer in den Körper hinein zu atmen und damit den Brustkorb auszuweiten. Zwei Hinweise, mit dem Thema umzugehen und zu üben, die mir sehr helfen. In der Gruppentherapie haben wir über ähnliches gesprochen und die Ärztin hat darauf hingewiesen, sich in krisenhaften Situationen daran zu erinnern, dass diese Zustände jeweils vorübergehen und dass vielleicht bereits schon zwei Stunden später das körperliche und auch psychische Befinden besser sein kann. Sie hat uns ermutigt, für

42

uns Tricks zu finden oder zu kreieren, die uns helfen, das Bewusstsein in einen guten oder zumindest besseren Zustand zu lenken. Helfen könnte zum Beispiel, aufzuschreiben: „In zwei Stunden geht es mir wahrscheinlich besser." Das geschriebene Wort verleiht dem Gedanken mehr Gewicht und kann sich nicht verflüchtigen. Eine Mitpatientin hat ein schönes Bild kreiert und die Gruppe daran teilhaben lassen: Sie sagte, sie habe ein Bild von einem Taucherli (kleines Entchen) vor Augen, das in ihrem Gehirn schwimme und kurz abtauche, als Sinnbild für eine depressive Verstimmung, aber sicher wieder auftauchen werde. Ein anderer Patient meinte, vielleicht wäre es eine gute Idee, um in diesem Bild zu bleiben, sich ein Quietschentlein für die Badewanne zu beschaffen und sich dieses als Erinnerung an das Taucherli bereit zu halten. Kurzum, alles ist erlaubt, was nützt und hilft und wenn eine Prise Humor dabei ist, umso besser. Alle diese Erkenntnisse haben mich ermutigt, meine eigenen Bilder und Hilfsmittel zu kreieren.

Freitag, 14. Januar

Haiku
Ich baue mein Haus
Aus Mörtel des Vertrauens
Ich mit mir und dir

Musik
Sophie Zelmani: Going Home

Mein Haus
Der Gedanke vom Bauen des inneren Hauses beschäftigt mich in den letzten Tagen. Ich habe davon geschrieben, in humboldtscher Manier meinen inneren Kontinent zu entdecken und zu erforschen. Nun geht es eher darum, in dieser Landschaft mein eigenes Haus zu bauen, einen Ort zu kreieren, an dem ich mich sicher und geborgen fühlen kann. Das Umland zu kennen ist dabei von grosser Wichtigkeit, der Platz, wo mein Haus zu stehen kommt, will wohl überlegt sein und muss Sicherheit und Vertrauen ausstrahlen. Ich lese zurzeit das Buch „Der Körper kennt den Weg" von Johannes B. Schmidt, einem Psychotherapeuten mit eigener Praxis. Er geht davon aus, dass unser Körperleben unsere Lebensqualität wesentlich bestimmt und dass der Körper als innerer Kompass dienen kann. Auf meiner Entdeckungsreise durch meine innere Welt kann ich einen solchen Kompass gut gebrauchen. Beim Lesen bin auf eine Passage gestossen, die mich hellhörig gemacht hat und die ich hier gerne zitieren möchte.
„Wir sind soziale Wesen, denen es mit körperlicher Nähe gut geht. Das Gefühl von Sicherheit ist jedoch eine notwendige Vorbedingung für das Anspringen des sozialen Nervensystems. Gibt es keine ausreichende Sicherheit, so springt der Kampf- oder Flucht-Mechanismus, oder noch schlimmer, die Erstarrung an. Traumatisierte Menschen zeigen beispielsweise

deutliche Anzeichen von Gesichtsstarre und erscheinen nach innen zurückgezogen. Dieser Mangel an interaktiver Reaktionsbereitschaft und eine gewisse Form der Reserviertheit machen es schwierig, mit ihnen in Kontakt zu treten. Der Interaktionsmangel wiederum versetzt sie in einen Zustand adrenaler Medulla-Aktivierung, die zu ständiger Übererregtheit führt und den Körper belastet. Je länger ich (der Autor) dieses Phänomen beobachte, desto mehr bin ich davon überzeugt, dass diese andauernde Belastung auch dem häufigen Symptom des „Burnout" zu Grunde liegt. Ich vermute, dass Überbelastung beim Burnout nur begrenzt durch Arbeitsüberlastung, sondern vor allem auch durch Regulationsüberlastung des Systems entsteht. Die permanente Dysregulation des Nervensystems kostet ständig zu viel Energie, was zu Erschöpfung führt. Dabei scheint ein grosser Teil der Energie dieser Menschen von der akuten Notwendigkeit, die sympathische Erregung im Zaun zu halten, verbraucht zu werden. Ich nehme an, dass der ursprüngliche Grund für diesen Zustand in einer traumatischen Übererregung bzw. am Mangel einer bestimmten Qualität elterlicher Zuwendung liegt. Da Kinder ihr Nervensystem schlecht allein beruhigen können, bedarf es elterlicher Feinfühligkeit, Körperkontakt und beruhigende Töne zur Befriedigung des inneren Zustandes des Kindes. Weiterhin übernimmt das Kind den inneren Zustand der Eltern vermutlich über Spiegelneuronen. Aus diesem Grund ist der ruhige innere Zustand der Eltern von ausschlaggebender Bedeutung für die Beruhigung des Kindes."

Wenn ich diesen Abschnitt lese, wird mir einiges klar, warum ich ständig in dieser Anspannung lebe und sich auf diesem Nährboden Ängste ausbreiten können. Die Sicherheit im sozialen Nervensystem leidet schon lange und konnte sich nie richtig festigen. Ich habe heute mit meinem Psychologen über den Begriff Sicherheit und Vertrauen gesprochen. Ich glaube, dass ich über ein Urvertrauen, im Sinne von Erik H. Erikson, verfüge, aber mein Selbstvertrauen hat sich nicht stark ausgebildet, was sicherlich mit dem Mangel an Sicherheit zusammenhängt und das Anspringen des sozialen Nervensystems entsprechend behindert hat. Das Resultat ist eine Übererregtheit, diese permanente Anspannung, dieses auf Fluchtmodus programmiert sein und der Angst, nicht „wahrgenommen" zu werden. Meine sozialen Interaktionen sind tatsächlich häufig von Misstrauen geprägt, weil ich Angst habe, abgelehnt zu werden, zu versagen oder sonst nicht zu genügen. Es fehlt mir die Sicherheit, das Vertrauen, das, wie ich gelernt habe, die Kehrseite der Angst ist. Diese kleine Passage von Johannes B. Schmidt hilft mir im Verstehen, welches die Gründe sein könnten, weshalb ich so Mühe habe, mein inneres Haus zu bauen. Meine Energie reicht schlicht nicht, weil ich immerzu am Überleben bin und mein polyvagales Nervensystem nicht in der Balance schwingt, da mein soziales Nervensystem nicht richtig anspringt. Mit dieser Erkenntnis möchte ich nun einen Weg suchen, damit mein Starter für mein soziales Nervensystem neu eingestellt wird und mein Inneres ins Gleichgewicht kommen kann. Es wird Zeit, dass der Boden für meinen inneren Hausbau saniert wird.

Erkenntnis des Tages
Es ist mir klar geworden, dass die Angebote hier im körperlichen Bereich für mich eine wunderbare Gelegenheit darstellen, Dinge auszuprobieren, was ich zuhause auf diese Weise nicht kann. Da ich bezüglich Körperlichkeit über gewisse Defizite verfüge, möchte ich dieses reiche Angebot möglichst intensiv nutzen, da ich überzeugt bin, dass das, was ich im Kopf vielleicht schon weiss, auch zu einer körperlichen Überzeugung reifen muss.

Samstag 15. Januar

Haiku
Manchmal regnet es
Dann scheint wieder die Sonne
So ist das Leben

Musik
Daniel Lanois: That's the Way It Is

Wie kann ich selbstwirksam sein und mich dem, was ist, hingeben?

Die Frage mag sich vielleicht ein wenig theoretisch anhören, ist aber nicht kompliziert. Gemeint ist, was kann ich selber bewusst in meinem Leben verändern und welche unbewussten Anteile wirken dabei, ohne dass ich diesem Umstand Rechnung tragen muss? In der Unterscheidung werden die Zusammenhänge aber eben dann doch wieder komplizierter. Wo kann ich Einfluss nehmen und wo ist dieser Einfluss wünschenswert? Bei vielem, bei dem ich das Gefühl habe, es sei für mich gut, ist das Gegenteil richtig. Gut möglich, dass eine Situation, die ich als krisenhaft erlebe, mir etwas zeigen möchte und ich mit meinem inneren „Besserwisserverhalten" dagegen ankämpfe, um meine Sicht der Dinge durchzudrücken, die mir letztlich aber schadet. Wo ist also die Grenzlinie zwischen meinem eigenen, manchmal auch vordergründigen Wünschen und dem, was mir das Leben zeigen will? Wenn ich davon ausgehe, dass nur etwa 10 Prozent von dem, was mich als Person ausmacht, in meinem Bewusstsein auftaucht und der grosse Rest irgendwo in mir schlummert, aber trotzdem wirksam ist, dann gelange ich zu einer immer grösser werdenden Vorsicht bezüglich dem voreiligen Handeln und dem Stichwort „selbstwirksam". Natürlich bin ich für mein Handeln selbst verantwortlich, aber viele Entscheidungen treffe ich auf der Basis voreiliger und eindimensionaler Eingebungen. Ich möchte schnell eine Veränderung erzielen und habe dabei einfache und verkürzte Vorstellungen, die nur das Vordergründige und Offensichtliche mit einbeziehen und sich allenfalls auf kaum begründbare Fantasievorstellungen stützen. Mit diesem Effort gelingt es mir vielleicht, kurzfristig Erfolge zu erzielen. Aber das heisst nicht, dass diese für mich gesund und authentisch sind, weil meine unbewussten Anteile eine andere Richtung einschlagen möchten, ich aber nicht in der Lage bin, die darin verborgene Botschaft zu hören und zu verstehen. Diese Disharmonie führt früher oder später zu einer Zerreissprobe und einem inneren Kampf, bei dem sich die verschiedenen Charaktere meiner Persönlichkeit bekämpfen. Wenn mein Inneres das Schlachtfeld ist, kann der Verlierer nur ich selbst sein, kämpfe ich doch gegen mich selber. Um dem Leben gewachsen zu sein, brauche ich aber meine ganze Energie und sollte entsprechend versuchen, die einzelnen Anteile meiner Person zu einen und zu einem inneren Team zu formen. Nur dann habe ich die Chance, aus mir heraus wirksam, gesund und kohärent zu agieren.

Den Begriff „Inneres Team" prägte Friedemann Schulz von Thun. Er bezeichnet mit dieser Metapher die verschiedenen Persönlichkeitsanteile oder inneren Stimmen, die ein Mensch in sich trägt. Diese Anteile stehen stellvertretend für unterschiedliche Bedürfnisse, die wir haben. Schulz von Thun nennt sie in seinem Konzept „Teammitglieder", die individuelle Eigenschaften besitzen. Wie in einem richtigen Team schaffen es einige, gut miteinander zu arbeiten, während andere sich vielleicht gegenseitig einschränken oder sogar bekämpfen. Für mich ist es klar, dass ich nie alle Teammitglieder kennenlernen werde, weil es so viele davon gibt und diese eben auch tief in meinem Unterbewussten zuhause sind und dort ihren Einfluss

geltend machen wollen. Aber genau deshalb bin aufgefordert, meine Entscheidungen mit Bedacht zu treffen und vermehrt auch meiner Intuition zu vertrauen. Meine Entscheidungsschnellschüsse entspringen oft kognitiven Überlegungen, mit denen ich in der Lage bin, auf analytische Weise Möglichkeiten abzuwägen und bestenfalls mit einer dosierten Portion Emotion, die temporär mit euphorischen Glückshormonen begleitet und ermuntert, loszulegen. Dabei kommen aber die vielen in meinem Unterbewussten verborgenen Identitäten oft zu kurz. Mit meinem Kopf habe ich keinen Zugang zu diesen tiefen Schichten, da braucht es eine andere Herangehensweise, die Intuition. In dieser Situation kommt kein Kopfwissen, sondern ein Körperwissen zum Tragen und damit schliesst sich der Bogen zum Thema von gestern, als ich mich mit dem Buch „Der Körper kennt den Weg" von Johannes B. Schmidt beschäftigt habe. Wenn ich eingangs geschrieben habe, es gehe auch um die Frage, wie ich es anstelle, mich dem was ist, hinzugeben, dann ist das für mich genau der Ansatz der Intuition. Ich meine damit nicht, ein blindes und passives fatalistisches Verhalten, sondern ein Wissen um die eingeschränkte Selbstwirksamkeit, die sich primär auf kognitive Entscheidungsgrundlagen stützt. Dies ist für mich eine verkürzte und unvollständige Selbstwirksamkeit. Die kognitiven Elemente sind wichtig, aber es geht eben auch um die nicht bewussten Anteile, die nicht nur in meinem Inneren wirken sondern auch nach aussen, also in der Umwelt, von der ich als Individuum auch Teil bin.
Der Zugang zu diesen Schichten kann ich partiell über die Intuition erreichen, in einer Haltung, mich dem was ist, das ich aber nicht genau benennen kann, hinzugeben oder hinzuhalten. Damit öffnet sich vielleicht ein kleiner Spalt, der die Kommunikation zwischen Kopf und Herz

begünstigt und der Metapher eines inneren Teams, das immer mehr zusammenwachsen kann, einen kleinen Schritt näher kommt.

Zum Abschluss meiner Betrachtung möchte ich ein Gedicht von Juan Jamon Jimenez zitieren, dass für mich sehr gut zu meinen heutigen Überlegungen passt und das mir sehr gut gefällt:

ICH BIN NICHT ICH.
Ich bin jener,
der an meiner Seite geht, ohne dass ich ihn erblicke,
den ich oft besuche,
und den ich oft vergesse.
Jener, der ruhig schweigt, wenn ich spreche,
der sanftmütig verzeiht, wenn ich hasse,
der umherschweift, wo ich nicht bin,
der aufrecht bleiben wird, wenn ich sterbe.

Erkenntnis des Tages

Ich darf den Mut aufbringen, die Kontrolle zeitweise abzugeben. Es gibt in mir unbewusste Anteile, die wissen, was sie und somit auch ich brauche. Wenn ich meine Kontrolle über alles behalten will, was sowieso illusorisch ist, können sich die „Teammitglieder" nie zu Wort melden und sich nie verwirklichen. Ich bin mehr, als ich manchmal glaube zu sein und vor allem bin ich mehr, als ich bewusst wahrnehmen kann. Ich schwimme wie ein Eisberg durch mein Lebensmeer und mein Kopf, der aus dem Wasser hinausragt, ist im Verhältnis zu dem was unter der Wasseroberfläche verborgen ist, ziemlich klein.

Sonntag, 16. Januar

Haiku
Klinische Tage
Körper und Geist im Einklang
Cleanische Tage

Musik
Deva Premal & Miten: Ilumina

Was ist gut in meinem Leben?
Allein schon beim Stellen dieser Frage merke ich, wie reichhaltig und auch grossartig mein Leben grundsätzlich ist. Gerade in Momenten, in denen der Fokus mehr auf das Krisenhafte gerichtet ist, vergesse ich diesen Aspekt manchmal ein wenig und deshalb möchte ich den Blick heute auf all die vielen positiven Dinge in meinem Leben richten, aber wo beginnen? Ich lasse meine Gefühle und Gedanken einfach fliessen und schreibe auf, was mir gerade dazu einfällt ohne einer Chronologie oder einer Rangliste und Werteinschätzung zu folgen. Ich habe grosses Glück, eine wunderbare Partnerin gefunden zu haben, mit der ich so sein darf, wie ich bin und mit der ich so viele schöne Momente erlebe. Noch einmal eine Liebe leben zu dürfen ist für mich nicht selbstverständlich und dafür bin einfach nur dankbar. Dasselbe gilt für meine Kernfamilie. Mit meiner Tochter Zeit zu verbringen und zu sehen, wie sie vom kleinen Mädchen langsam zur jungen Frau heranreift berührt mich sehr. Auch die Beziehungen zu meiner Mutter, meiner Schwester und ihren beiden Kindern ist nah und für mich immens wichtig und inspirierend. In meinem Leben gibt es viele wirklich gute Freunde, die sich um mich kümmern und mit denen ich immer wieder tiefe Gespräche und herrlich gesellige Abende und Tage verbringen darf.

Mir wird hier in der Klinik so richtig bewusst, dass ich mit meinen Beziehungen gesegnet bin. Neben den Menschen habe ich auch sonst viel Glück in meinem Leben. Ich lebe in einer schönen Wohnung, in der ich mich wohl und zuhause fühle, ich verdiene genug Geld, um mir dies und jenes leisten zu können, ich habe einen Job, der vielseitig und spannend ist. Ich habe reichlich Zeit für mich, um mich meinen Passionen widmen zu können, so dem Lesen von Büchern, dem Musik hören, dem Schreiben, dem Kochen und dem Wein; daneben bin ich viel draussen in der Natur, kurzum, mein Leben wäre für viele Menschen das Paradies auf Erden, so auch für mich – und trotzdem geht es mir in den letzten Monaten und Jahren nicht besonders gut. All das Paradiesische kann nicht verhindern, dass ich Ängste habe, die mich behindern und den Blick auf meinen Garten Eden zeitweise versperren.

Ich bin überzeugt, dass das bewusste Hinsehen auf die schönen Grundpfeiler in meinem Leben gerade jetzt wichtig ist, weil sie nicht verloren, sondern nur ein bisschen im Dickicht versteckt sind. Das passt auch gut zu den Aussagen meines Psychologen, der die Meinung vertritt, dass sich das Bewusstwerden der Dinge, die funktionieren, vertrauensfördernd ist und somit die Angst mildert. Und ja, ich bin derselben Meinung und möchte vermehrt durch das Dickicht in meinen Garten Eden blicken und die Energie von dort in meine Schattenseite fliessen lassen. In den Augenblicken, in denen mir das gelingt, wie heute auf dem Spaziergang dem Rhein entlang mit meiner Partnerin, mit den Enten, Schwänen und Möwen, die sich im Wasser tummeln, dem sonnenbeschienenen Wolkenhimmel in der kalten Luft, dem Gelächter der Kinder und dem Bewusstsein, wie einzigartig das Leben, mein Leben ist, beginnt mein Inneres zu leuchten und ich fühle mich mit allem, was ist, dem Guten und dem Schwierigen als eins. Ich werde *Welt* und darf das

Bewerten und Einordnen sein lassen. Es geht nicht nur um Heilung, es geht auch darum, im Sosein aufzugehen und wieder in den Fluss des Lebens einzusteigen.

Erkenntnis des Tages
Mein Leben ist schön und einzigartig.

Montag, 17. Januar

Haiku
Das Leben vergeht
Es geht mir gut und auch nicht
Und es geht auch so

Musik
Mark Lanegan: Carry Home

Zu Fuss unterwegs
Heute Morgen war ich zu Fuss unterwegs in Richtung Magden und meine Ängste befielen mich wieder. Gleichzeitig merkte ich, dass ich müde war und gerne einfach still irgendwo sitzen oder liegen würde. Warum bin ich dann also unterwegs? Mein Tagesprogramm liess einen grösseren Spaziergang zu und so war es für mich keine Frage, die Zeit zu nutzen und durch die Gegend zu eilen. Ja, eilen ist die richtige Bezeichnung, da ich oft in schnellem Tempo unterwegs bin und auf meiner App die abgespulten Kilometer mit Genugtuung ablese. Als ich dies realisierte, beschloss ich, umzukehren und zurück ins Hotel zu gehen und mich hinzulegen. Ich möchte jetzt nicht auf die Angst eingehen, die sich wieder bemerkbar machte, sondern mich mit dem Thema „Gehen" beschäftigen. Weshalb habe ich dieses Bedürfnis, durch die Gegend zu hetzen und wann gelingt es mir, genussvoll gehend unterwegs zu sein, so wie gestern mit meiner Partnerin? Es gibt für mich tatsächlich verschiedene Herangehensweisen zum Thema. Das Lustvolle Unterwegssein ist mir sehr wichtig und ich geniesse es, alles um mich herum mit meinen Sinnen aufzusaugen und, wie ich gestern geschildert habe, eins mit allem zu werden. Aber es gibt auch das Gehen, das einem Davonlaufen gleicht, ein Gehen, das eher ein Nicht-Bleiben ist. Mir wird es oft zu eng, sei es räumlich oder auch mental und dann verspüre ich den

unbändigen Wunsch, einfach zu gehen, alles hinter mir zu lassen, auch mich selber. Bei diesen „Hetzgängen" kann ich mich zwar schon auch beruhigen, aber das Runden drehen hat einen getriebenen Charakter. An Tagen wie heute, als ich dieses Engegefühl bereits am Morgen in der Abteilungssitzung in der Klinik verspürte und ich es kaum erwarten konnte, den Raum und die Menschen zu verlassen, war für mich das Davonlaufen, das getriebene Gehen draussen in der Natur die gewohnheitsmässige Rettung, die heute aber fehlschlug. Einerseits wurde die Angst unterwegs grösser und andererseits fühlte ich mich heute körperlich nicht fit. Diese Kombination führte zum Scheitern, das vielleicht aber ein Wendepunkt sein könnte, indem ich für mich herausgefunden habe, dass ich auch in schwierigen Situationen nicht zwingend davonrennen muss, sondern in diesem getriebenen Gefühl verharren und mich zurückziehen darf. Den Versuch, zu bleiben, ohne einfach davonzulaufen, ist für mich schwierig, aber ich möchte ihn vermehrt wagen. Mir selber eingestehen, dass ich mich nicht wohl fühle und trotzdem zu bleiben, könnte ein spannendes neues Erlebnisfeld für mich darstellen. Das bedeutet nicht, dass ich meine Rundgänge nicht weiterhin machen werde, aber ich möchte sie, ob schnell oder langsam, genussvoll machen, aus einer Laune der Lust heraus. Es geht dabei nicht darum, Kilometer abzuspulen und auch nicht um irgendwelche Rekorde aufzustellen und schon gar nicht, um mir selber zu entkommen. Diese Unterscheidung in der Motivation möchte ich mir von nun an genauer anschauen und mir über die Gründe, warum ich gehen möchte, bewusst werden.

Erkenntnis des Tages

Wir hörten in der Gruppentherapie einen Text von Paulo Coelho über das Beenden von Zyklen, der mich sehr beindruckt hat. Es geht darum, Gewesenes abzuschliessen, um

Platz zu schaffen für Neues. Im Schlusssatz heisst es: „Höre auf zu sein, wer du warst, und werde der, der du bist." Ich werde auf den vollständigen Text später zurückkommen.

Dienstag, 18. Januar

Haiku
Atem des Lebens
Ich atme, also bin ich
Ich lasse mich sein

Musik
RAF Camora: Es klaut mir den Atem

Was klaut mir den Atem?
Diese Frage kann ich nicht beantworten, da gibt es wahrscheinlich viele Gründe, zum Teil banale, vordergründige, aber auch solche, die sich in mir eingelagert haben und mit mir verwachsen sind und somit für mich nicht klar zu erkennen sind. Ich bemerke aber, dass das Thema mich schon länger beschäftigt und sich heute in der ersten Stunde meiner Atemtherapie einiges geklärt hat. Irgendwie verrückt, dass ich mit über 60 Jahren in 30 Minuten mehr über mich und meinem Atem erfahren habe als in meinem ganzen Leben zuvor. Nun gut, ich bin einfach dankbar, dass ich mich dem Thema Atem annähern kann. Meine Therapeutin hat mich, wie vorher schon andere Therapeuten auch, darauf aufmerksam gemacht, dass vor allem das Ausatmen von grosser Wichtigkeit ist. Wir begannen mit einer kleinen Übung, in der es darum geht, mit einem grossen Seufzer die Luft rauszulassen, danach eine ähnliche Übung, nur dass der Seufzer ersetzt wird durch ein nebelhornartigen Ton, der solange dauert, bis keine Luft mehr zur Verfügung steht. Vom Singen her bin ich mir seit der Zeit in der Knabenkantorei gewohnt, mit dem Zwerchfell zu stützen, aber leider hatte ich dies über Jahrzehnte immer falsch angewendet. Ich war der Meinung, ich müsste den Bauch beim Ausatmen, respektive beim Singen, nach aussen drücken, mit dem Resultat, dass ich sehr schnell keine Luft

mehr hatte und ich Melodienbögen nicht zu Ende singen konnte, weil mir die Puste viel zu früh ausging. Ich habe nun zwei kleine Übungen dazu kennengelernt, die die Muskulatur rund ums Zwerchfell stärken. Wie bei allen muskulären Themen ist es auch hier eine Frage des regelmässigen Trainings, um positive Resultate zu erzielen. In der zweiten Hälfte der Stunde wurde mir eine Fussreflexzonenmassage zu Teil. Erstaunlich dabei war, dass ein Punkt an meinem grossen Zeh recht stark schmerzte. Diese Stelle steht für die Leber, die wiederum ein Zentrum für Wut ist. Und genau diese aufgestaute Wut macht mir zu schaffen und hängt letztlich auch mit dem Atemfluss zusammen. Es ist wichtig, dass sich die Wut entladen kann und um dies gezielt und kontrolliert tun zu können werde ich am Freitag meine erste *Escrima* Stunde haben. Die Klinik Schützen definiert *Escrima* folgendermassen:

Dynamik – Rhythmus – Koordination
Escrima ist eine philippinische Kampfkunst die hauptsächlich mit Stöcken ausgeführt wird. Nebst dem Spass an kämpferischen Bewegungen und dem Fördern von Koordination, Beweglichkeit und Geschicklichkeit bietet Escrima noch viel mehr. Eine der Herausforderungen besteht darin, sich in der Begegnung mit einem Gegenüber selbst zu erfahren. Wieviel Raum brauche ich? Wo ist meine persönliche Grenze und wo die meines Trainingspartners? Der respektvolle Umgang mit dieser Grenze ist ein zentrales Thema. Durch das dynamische und rhythmische Training können angestaute Emotionen und Spannungen reguliert werden.

Bei meinen angestauten Emotionen ist sicher auch eine grosse Portion Wut dabei, aber wahrscheinlich auch noch weitere Emotionen. Gerade um mit den Emotionen bewusst umzugehen, ist der Atemfluss von zentraler Bedeutung. Es greift alles ineinander und diese Erkenntnis empfinde ich als sehr hilfreich. Apropos Leber, ich hatte heute Nachmittag einen Termin bei der Ärztin, um die Auswertung meiner Blutwerte näher anzusehen. Alle Werte waren im grünen Bereich, auch die Leber mit sehr guten Werten. Darauf nehme ich doch ein Glas... nein bestimmt nicht, meine alkoholfreie Zeit während meiner Aufenthaltsdauer erachte ich als für mich wertvoll, einfach auch deshalb, weil ich gerne zwischendurch Gewohnheiten durchbreche, um zu sehen, was sich Neues auftut, oder um festzustellen, ob ich eine Änderung in meiner Befindlichkeit feststellen kann. Der Verzicht auf Alkohol hat mir von Anfang an keine Probleme bereitet und ich hatte bis jetzt auch kein Verlangen nach einem Glas Wein oder ähnlichem. Für mich ein wertvoller Hinweis, dass ich weder körperlich noch mental davon abhängig bin, ist schön zu wissen.

Ich werde mich nun vermehrt mit dem Atmen beschäftigen und habe ein Bild vor mir, dass der Atem wie eine Säule durch mich hindurchfliesst und mit seiner steten Bewegung im Ein- und Ausatmen neben meinem körperlichen Rückgrat ein seelisches Pendant darstellt.

Erkenntnis des Tages
Atmen bedeutet Leben und da ich das Leben liebe, möchte ich Sorge zu meinem Atem tragen.

Mittwoch, 19. Januar

Haiku
Zyklen beenden
Ich verlasse das Gestern
Ich bin der ich bin

Musik
Madonna: The Power of Goodbye

Zyklen beenden
Ich möchte nun auf den bereits angesprochenen Text von Paulo Coelho aus seinem Buch „Der Zahir", den wir in der Gruppe gehört und besprochen haben, eingehen. In diesem Text steht so viel Wahres und Coelho gelingt es, diese Wahrheiten provokativ und schnörkellos beim Namen zu nennen. Ich kann mit seinen Texten häufig nicht viel anfangen, wirken sie für mich manchmal etwas gar oberflächlich und lapidar, aber diese kurze Text berührt mich sehr und lädt mich mit einer Dringlichkeit ein, bei mir nachzuforschen, welche Zyklen ich, obwohl sie längst vergangen sind, nicht abgeschlossen habe. Wo wirkt die Vergangenheit auf mich ein und lässt mich noch immer mit vergifteten Emotionen leidend dastehen? Dieser Prozess, das Vergangene vergangen sein zu lassen, ist nicht einfach, aber schier unmöglich, wenn ich mir dessen nicht bewusst bin. Allein schon im Erkennen, dass es Ereignisse in meinem Leben gibt, die für mich noch nicht abgeschlossen sind, kommt etwas Eingefleischtes in Bewegung. Im sich Zeigen dieser Emotionen eröffnet sich mir die Möglichkeit, Vergangenes zu verabschieden und damit Raum für Neues zu schaffen, mich aus der Vergangenheit ins Heute zu bewegen mit neuen Perspektiven für meine Zukunft. Diese Entwicklung erachte ich als wünschenswert und die Überlegungen von Paulo Coelho öffnen mir die Tore zu meiner

inneren Welt, wo es viele gebundene Emotionen gibt, weil die dazu gehörenden Geschichten noch nicht zu Ende erzählt sind und das Buch nicht geschlossen werden kann. Ich möchte diese Kapitel zu Ende schreiben, oder einfach sagen können, es ist alles gesagt, ich schliesse diesen Zyklus ab, schliesse das Buch und lege es in meine Erfahrungsbibliothek und lasse es dort ruhen. Hier nun der Text von Paulo Coelho:

Man muss immer wissen, wann eine Phase an ihr Ende gelangt ist. Wenn wir länger als nötig in einer Phase verweilen, verlieren wir die Freude und das Gefühl dafür, dass wir noch andere Phasen durchleben müssen. Zyklen beenden, Türen zumachen, Kapitel abschliessen, wie auch immer wir es nennen, wichtig dabei ist, dass wir Phasen unseres Lebens, die abgeschlossen sind, auch in der Vergangenheit belassen. Dir wurde gekündigt? Du hast eine Beziehung beendet? Du hast dein Elternhaus verlassen? Bist in ein anderes Land gezogen? Die langjährige Freundschaft ist ohne Erklärung dahin? Du kannst viel Zeit damit verbringen, dich zu fragen, warum das geschehen ist. Du kannst dir auch sagen, dass du keinen weiteren Schritt unternehmen wirst, solange du nicht herausgefunden hast, was dazu geführt hat, dass bestimmte Dinge, die in deinem Leben so wichtig und fest verankert waren, zu Staub zerfallen sind. Aber für alle Beteiligten wird das nur quälend sein: Für deine Eltern, deinen Partner, deine Freunde, deine Kinder, deine Geschwister. Sie alle werden gerade dabei sein, ein Kapitel abzuschliessen, ein Blatt zu wenden, weiterzugehen, während sie gleichzeitig mit ansehen müssen, dass du stehen geblieben bist. Niemand kann zugleich in der Gegenwart und in der Vergangenheit leben, nicht einmal, um zu versuchen, die Dinge zu begreifen, die uns widerfahren sind. Die Vergangenheit kommt nicht zurück. Wir können nicht ewig Kinder bleiben, Spätpubertierende, die sich ihren Eltern gegenüber schuldig fühlen oder ihnen grollen, oder

66

Liebende, die Tag und Nacht eine Verbindung mit jemandem aufs Neue durchleben, der längst auf Nimmerwiedersehen gegangen ist. Dinge vergehen, und wir tun gut daran, sie wirklich gehen zu lassen. Daher ist es wichtig (so schmerzlich es auch sein mag), die Andenken an früher zu zerstören oder an Waisenhäuser zu geben, zu verschenken oder zu verkaufen. Oder sogar umzuziehen. Alles in dieser sichtbaren Welt ist die Manifestation der unsichtbaren Welt, dessen, was in unserem Herzen geschieht – und sich bestimmter Erinnerungen zu entledigen bedeutet auch, Raum für Neues zu schaffen, das an ihre Stelle treten wird. Gehen lassen. Loslassen. Sich Lösen. Niemand spielt mit gezinkten Karten. Manchmal gewinnen wir, manchmal verlieren wir. Erwarte nicht, etwas zurückzubekommen, erwarte nicht, dass man deine Bemühungen anerkennt, dein Genie entdeckt, deine Liebe begreift. Höre auf, deinen emotionalen Fernseher anzustellen und ewig dasselbe Programm anzuschauen, das dir vor Augen führt, wie sehr du unter einem bestimmten Verlust zu leiden hattest. Das vergiftet nur, weiter nichts. Nichts ist gefährlicher als eine Liebesbeziehung, die zerbrochen ist und deren Ende nicht angenommen wird, als ein Jobversprechen ohne festgelegten Arbeitsantritt, als Entscheidungen, die immer aufgeschoben werden, weil der rechte Augenblick noch nicht gekommen ist. Bevor ein neues Kapitel angefangen werden kann, muss das alte abgeschlossen werden. Sage dir selber, dass was vergangen ist, niemals wiederkommt. Denke daran, dass es eine Zeit gegeben hat, in der du ohne jene Sache, ohne jenen Menschen leben konntest. Nichts und niemand ist unersetzlich, eine Gewohnheit ist keine Notwendigkeit. Das mag selbstverständlich klingen, es kann sogar schwierig sein, aber es ist sehr wichtig, Zyklen zu beenden. Nicht aufgrund von Stolz, Unfähigkeit oder Hochmut, sondern einfach nur, weil sie nicht mehr in dein Leben passen. Schliesse die Tür, lege eine andere Platte auf, putze deine Wohnung und schüttle den

*Staub aus. Höre auf der zu sein, der du warst, und werde, der,
der du bist.*

Aus dem Brasilianischen übersetzt von Maralde Meyer-
Minnemann.

Ich muss gestehen, dieser Text hat es in sich, seine Direktheit
gefällt mir, auch wenn ich nicht mit allem einverstanden bin.
Zyklen zu beenden ist aber auch für mich etwas, dem ich bis
anhin zu wenig Aufmerksamkeit geschenkt habe. Die Frage
stellt sich für mich nun, wie stelle ich das an, dass ich Kapitel
beenden kann, dass es mir gelingt, ein Buch zuzuschlagen und
wegzustellen? Ist das Vernichten der visuellen äusseren
Erinnerungen ein probates Mittel dazu? Da bin ich mir nicht
sicher. „Aus den Augen aus dem Sinn" kann hilfreich sein, aber
ich möchte Erinnerungsstücke behalten können, da sie Teil
meines Lebens sind, möchte sie aber um mich haben, ohne
dass dabei die Emotionen überschäumen. Und genau darum
geht es mir. Ich möchte die nicht abgeschlossenen
Geschichten aufstöbern und versuchen, sie für mich
abzuschliessen und gleichzeitig möchte ich, dass sie zu einem
Teil von mir reifen dürfen, auf den ich blicken kann, mit einem
Lächeln im Gesicht, das ausdrückt: Ah, so war das also. Nicht
mehr und nicht weniger. Für mich ist es wichtig, mich von den
Emotionen der einzelnen unvollendeten Geschichten zu
befreien; sie sind es auch, die sich in mir mit der Angst
verbinden und zu einem grossen Machtpotential
heranwachsen. Und ja, es geht auch für mich darum, eine
Gewohnheit nicht als Notwendigkeit zu betrachten. Neue
Wege ausprobieren und dem Entdeckergeist eine Chance
geben, das ist meine Absicht. Wenn ich in mich hineinhorche,
entdecke ich sofort da und dort Winkel, wo solche
unvollendeten Geschichten vor sich hin modern und es noch
immer verstehen, gefaulte Energie abzugeben, Geschichten,

die über keine Qualitäten mehr verfügen und mit ihrem Dahinsiechen mich permanent und vermeintlich unmerklich vergiften. Aber ich merke es und will mich ab sofort als seelischer Kammerjäger betätigen und Gelebtes, das längst vorbei ist, aber noch keinen Abschluss gefunden hat, aufspüren und diese Bücher schliessen und wegräumen. Welche Ereignisse das sind und sein werden, möchte ich an dieser Stelle nicht benennen und mich stattdessen den Aufräumarbeiten widmen, im Wissen darum, dass diese Aufgabe nie enden wird. Aber vielleicht gelingt es mir, tiefvergrabene Altlasten abzutragen und den vergifteten Boden zu sanieren, damit die neuen Kapitel in meinem Lebensbuch gesund reifen können – Zyklen beenden.

Erkenntnis des Tages

Es gibt aufgestaute Energie in mir, sei es Wut und Trauer, die vor allem mit unabgeschlossenen Geschichten zu erklären ist. Diese Energie will ich befreien und für aktuelle kreative Entwicklungen nutzen. Und einmal mehr wird mir klar, Körper und Geist gibt es nur als Paar, nur als Team.

Donnerstag, 20. Januar

Haiku
Die Angst schleicht sich an
Greift nach mir, würgt, saugt und beisst
Ich bin auf der Hut

Musik
Armon Tobin: Proper Hoodige

Meine Ängste
Es geht mir bei diesem Thema nicht um die Ängste, die ich vor etwas Konkretem habe, also nicht um die Angst vor Tunnels, Gondeln, vollen Zügen etc., sondern um die Ängste, die mich plötzlich befallen, ohne merkliche Vorankündigung. Ängste, die mich aus dem Hinterhalt attackieren und denen ich hilflos gegenüber stehe. Ich versuche zu beschreiben, welche Bilder ich im Kopf habe, wenn ich an diese Ängste denke. Ich bin unterwegs im Wald, alleine, auf Wegen, die ich nicht kenne. In mir unbekanntem Gelände steigt meine innere Unruhe und ich bin auf der Hut, am Beobachten, ob sich irgendwas Bedrohliches in mir zeigt, ob ein Angriff bevorsteht. Wenn ich mein Inneres nach aussen stülpe und die Umgebung, in der ich unterwegs bin, als meine Seelenlandschaft anschaue, dann verwandelt sich der lichte Wald in einen dunklen undurchlässigen Dschungel, in dem gefährliche Tiere hausen und unsichtbare Monster ihr Unwesen treiben. Undefinierbare Geräusche nehme ich wahr, es ist ein Ächzen, Röhren, Klappern und Heulen. Überall kann der Feind sein, getarnt und für mich unsichtbar, nur darauf wartend, mich aus einem Hinterhalt zu überrumpeln, in einer Plötzlichkeit, der ich nichts zu entgegnen habe. Mit dieser Stimmung bin ich unterwegs, immer auf dem Sprung zu fliehen. Dieses Verhalten zeigt sich mir nicht an der Oberfläche, es ist eher eine Grundhaltung, in

der ich mich frage, ist die Angst schon da? Nein, okay, weiter. Ist sie jetzt da? Immer noch nicht, okay, weiter. Und so fort … In einer Schicht, die näher an der Oberfläche und im konkreten Äusseren liegt, denke ich durchaus an andere Themen, an meine Partnerin, an das Buch, das ich gerade lese, an das nahende Wochenende und ich bin auch nach aussen gerichtet mit meiner Wahrnehmung, empfinde die wärmende Sonne, sehe ein lustiges Schild an einer Tür und grüsse eine Spaziergängerin mit Hund.

Darunter aber brodelt es in mir, da bin ich angespannt und erwarte das Schlimmste, das noch nicht da ist, das aber mit meiner Haltung kommen könnte. Und dann, aus dem Nichts, schlägt sie zu, die Angst, fällt über mich her wie eine Bestie. Sie gibt die Tarnung auf, schiesst aus dem inneren Dschungel hervor, fährt in meinen Körper, versetzt mir Schläge und Stiche in meine Brust, würgt mich, bis ich kotzen könnte, wütet in meinem Inneren und scheint lustvoll und hämisch zu lachen. Ich wende und drehe mich, aber sie lässt nicht locker, ich habe das Gefühl zu sterben und kann nicht klar denken, fühle mich ohnmächtig und ausgeliefert. Meine Wachsamkeit hat nicht gereicht, die Angst zu entdecken, bevor sie sich über mich her macht, ich bin ihr ausgeliefert. Und nun, in diesem für mich so bedrohlichen Moment, ergebe ich mich, und wie durch ein Wunder, speit mich die Angst aus ihrem Schlund und scheint das Interesse an mir zu verlieren, nicht aber, ohne mich mit Drohgebärden zu umkreisen und zu zeigen, sie könnte, wenn sie wollte, mich jederzeit wieder packen und niederstrecken. Wenn ich in diesem Augenblick der Versuchung erliege zu flüchten, bin ich geliefert, das lässt sie nicht zu, sie würde mich sofort wieder überwältigen und ihr machtvolles Spiel fortsetzen. Das einzige, das hilft, ist, dass ich den Mut aufbringe, ihr in die die Augen zu blicken, den Kontakt auszuhalten und ihr zu verstehen zu geben, ich halte dich aus und flüchte nicht. Du gewinnst dieses Spiel nicht, also verschwinde oder bleibe, mir ist das egal. Diese Einstellung kostet mich sehr viel Kraft, ist aber wirksam.

Das Horrorszenario der lauernden Angst ist für mich schwer zu ertragen und ich frage mich, was war zuerst, die Angst oder meine Angst vor der Angst. Momentan kann ich dies nicht mehr richtig unterscheiden, alles vermischt sich. Aber ich merke, dass mein auf der Hut sein, mein immer mit dem schlimmsten rechnen, der Angst Futter gibt und sie sich somit auch stärker und mächtiger zeigen kann. Ich kann die Angst selber nicht bekämpfen, will ich auch nicht, aber die Angst vor der Angst schon! Mit meiner „alltime ready" Einstellung begünstige ich die Attacke und tue mir somit keinen Gefallen. Ich möchte lernen, spazieren zu gehen, ohne permanent zu beobachten, ob die Angst irgendwo lauert und mich gleich überfallen wird. Dagegen habe ich Mittel, mich zu wehren, indem ich bei mir und meinem Atem bleibe und mental den Fokus auf das lege, was gerade ist, auf dem, was mir wirklich begegnet. Unterwegs sehe ich manchmal Tiere, die in einem Gehege sind und davor ein Schild, das die Spaziergänger ermahnt, die Tiere nicht zu füttern. Dieses Bild könnte ich für meine Angst adaptieren: Angst füttern verboten.

Erkenntnis des Tages
Ich schaue der Angst in die Augen, flüchte nicht und versuche, sie nicht zu verscheuchen, sondern mit ihr in friedvoller Koexistenz zu leben.

Freitag, 21. Januar

Haiku
Dichter, Poeten
Leiden oft an der Seele
Quelle der Lyrik

Musik
Schönherz & Fleer: Rilke Projekt, Ich lebe mein Leben

Literatur
Gerade in Momenten, da ich mich von der Angst verfolgt und ohnmächtig fühle, gelingt es mir manchmal, einen Schritt aus mir heraus zu wagen und auf die Situation zu blicken, in der ich mich befinde. Ich versuche dann jeweils, das, was ich erlebe zu normalisieren, indem ich mir sage, ich bin körperlich gesund, ich lasse mir helfen und andere Menschen, wie hier in der Klinik, leiden unter ähnlichen Symptomen und Themen. Das hilft mir, dass ich mich in meiner Not nicht alleine fühle. Zusätzlich empfinde ich aber auch eine grosse Verbundenheit zu literarischen Werken und ihren Autoren. Im Lesen entdecke ich immer wieder wunderbar erzählte Geschichten von Menschen, die sich mit ihren seelischen Abgründen beschäftigen, die von Emotionen geschüttelt werden und ihren Lebensweg alles andere als gradlinig gehen. Nun gut, ich könnte jetzt anmerken, dabei handelt es sich um fiktive Geschichten, die mit der Realität nichts zu tun haben. Dies stimmt für mich in doppelter Hinsicht nicht. Die fiktiven Erzählungen sind nicht einfach so vom Himmel in die Bücher hineingefallen. Männer und Frauen aus Fleisch und Blut schrieben diese Texte und schöpften aus ihrem eigenen Erfahrungs- und Gefühlsfundus. In jeder fiktiven Geschichte steckt auch ein persönlicher Anteil des Schreibers oder der Schreiberin mit drin. Und dann gibt es mich als Leser. Das

Gelesene wird in meinem Innern zu Bildern und Emotionen verwoben, die sich von real Erlebtem kaum unterscheiden. Es gibt Figuren aus Büchern, die für mich genau so real sind wie Menschen, die ich aus meinem Umfeld kenne, oder Personen aus dem öffentlichen Leben, die zwar existieren, denen ich aber nie persönlich begegnet bin. Diese Geschichten leben in mir. Ich kann mich gut erinnern, wie ich als kleiner Junge die Winnetou Bücher von Karl May verschlungen habe – und da soll einer sagen, Winnetou gibt es nicht.

Diese These entspricht auch dem Begriff der „Sinnfelder", der vom deutschen Philosophen und Erkenntnistheoretiker Markus Gabriel geprägt wurde. Er geht der Frage nach, ob es die Welt an sich gibt und wie sich Existenz erklären lässt. In diesem Zusammenhang kommt er zum Schluss, dass die Welt nur durch Sinnfelder existieren kann. Es kommt also darauf an, in welchem Kontext etwas existieren kann. So existieren zum Beispiel Feen und Gnome durchaus im Sinnfeld der Märchen und Sagen. Gabriel schreibt: *„Existieren heisst: In einem von unendlich vielen Bereichen vorzukommen."*

Es gibt also unendlich viele Teilbereiche, die aneinandergrenzen, sich überlappen, oder einzeln dastehen. All diese Bereiche definieren verschiedenste Existenzen, nicht aber eine allumfassende Existenz. Und somit sind auch Romanfiguren existent, so wie ich es in meiner Jugend mit Winnetou erlebt habe. Heute sind viele weitere Figuren hinzugekommen, die in meiner inneren Welt existieren und sich, geboren aus den verschiedensten Sinnfeldern, begegnen. So können Winnetou, mein Vater und Angela Merkel sich durchaus gemeinsam um die blaue Blume, die als Symbol der Romantik für Sehnsucht und Liebe steht, kümmern. Meine innere Erlebniswelt unterscheidet nicht zwischen realen und fiktiven Ereignissen und Figuren. Wichtig ist, welche

Emotionen daran verknüpft sind und somit ist vielleicht meine innere Welt wiederum ein eigenes Sinnfeld. Ich schreibe diese Gedanken hier auf, weil sie für mich etwas Tröstendes haben. Gerade in für mich unangenehmen Situationen, in denen die Angst mich heimsucht, gelingt es mir manchmal in diesen reichen Schatz meines inneren Sinnfeldes einzutauchen und Kraft, auch aus Romanfiguren zu generieren, Romanfiguren, die vielleicht ähnliches oder noch schlimmeres erlebt haben. Ich fühle mich dadurch nicht allein, sondern verbunden mit Titelhelden oder tragischen Schicksalen aus der Literatur und kann meine eigene Geschichte, die letztlich in meinem eigenen Lebensbuch geschrieben steht und stetig weiter geschrieben wird, besser annehmen und sie in der Reihe verschiedenster Geschichten einordnen. Und so bin ich in guter Gesellschaft mit Romanfiguren wie zum Beispiel Harry Haller aus Hermann Hesses „Steppenwolf" oder mit Mihaly in „Reise im Mondlicht" von Antal Szerb, oder Daniel in Andrea de Carlos Buch „Sie und Er". Es ist nicht so, dass ich mich mit ihnen identifiziere, aber es sind Figuren, kreiert von schreibenden Menschen, die in mir leben und mich mit ihren Lebensgeschichten begleiten und dazu führen, dass ich Themen, die auch für mich eine Rolle spielen, von einer anderen Seite betrachten kann – und dies lustvoll.

Neben all diesen realen und fiktiv geschaffenen Figuren ist es für mich hilfreich und irgendwie auch tröstend, wenn ich sehe, dass viele grosse Schriftsteller aus den eigenen Tiefen und Abgründen heraus grossartige Texte verfasst haben. Texte, die nur entstehen konnten, im Zulassen der eigenen Vulnerabilität und den damit verbundenen seelischen Leiden. Was mich dabei berührt ist, dass eben gerade auch herausragende Künstler, Menschen der Öffentlichkeit, mit ihren Ängsten und Depressionen zu kämpfen haben. Ob dabei ein herausragendes Werk entsteht, ist letztlich zweitrangig. Es

zeigt viel mehr, dass ich mit meinen Ängsten nicht alleine bin. Und so werden diese von mir geschätzten Schriftsteller Bruder und Schwester meiner Angstfamilie und das tröstet mich, ohne dabei pathetisch sein zu wollen. Ich vertrete nicht die Meinung, dass, um gute Werke kreieren zu können, es mir sehr schlecht gehen muss, auch wenn ich das von mir kenne, wie in meiner Verletzlichkeit die Sensibilität so fein und wach ist, dass aus meinem Ideenkompost etwas entstehen und spriessen kann, was nur mit einer verletzlichen Grundstimmung möglich ist. Bereits Johann Wolfgang von Goethe schrieb dazu: *„Zart Gedicht, wie Regenbogen, wird nur auf dunklen Grund gezogen. Darum behagt dem Dichtergenie das Element der Melancholie."*
(1815, Sammlung Sprichwörtlich).

Aber darum geht es mir im Moment nicht. Ich blicke auf die Lebensläufe der Schriftsteller, die für mich so wunderbare Werke geschrieben haben und stelle fest, dass diese Leben meistens in viele Windungen verstrickt waren, dass diese Menschen ihre Krisen hatten, an depressiven Verstimmungen oder psychotische Schüben litten, gesundheitlich angeschlagen waren oder ihrem Leben selbst ein Ende setzten. Um einige dieser Autoren beim Namen zu nennen: Franz Kafka, Friedrich Nietzsche, Hermann Hesse, Rainer Maria Rilke, Friedrich Hölderlin, Virginia Woolf, Sylvia Plath u. v. a. Sie alle litten unter seelischen und gesundheitlichen Schmerzen und wandelten nahe an ihren Abgründen oder fielen in sie hinein. Diese Schicksale bewegen mich und geben mir gleichzeitig Kraft, mit meinen Nöten besser zurecht zu kommen, weil ich durch das Erkennen, dass es anderen Menschen genau so geht oder gegangen ist, ich meine Probleme und Themen normalisieren kann, im Sinne davon, dass es nicht aussergewöhnlich ist, dass Menschen an ihrer Seele leiden, Ängste haben und in ihrem Leben manchmal überfordert sind. Das nimmt mir die Spitze meiner Not und entlastet mich ein klein wenig. Und deshalb bin ich dankbar für die Literatur mit ihren Autoren und den von ihnen ins Leben gerufenen Roman- und Leidensfiguren.

Erkenntnis des Tages

Ich darf mich mehr zeigen und vom Fluchtmodus in den Kampfmodus wechseln. Im Fluchtmodus bleibe ich unsichtbar, während ich im Kampfmodus zeige und wahrgenommen werde. Es geht weniger ums Kämpfen, als um die damit verbundene Präsenz und Bereitschaft.

Samstag, 22. Januar

Haiku
Muskeln im Fokus
Anspannen und loslassen
Ankommen in mir

Musik
Udo Lindenberg: Durch die schweren Zeiten

Erfahrungen mit PME
PME steht für Progressive Muskelentspannung und wurde vom amerikanischen Arzt Edmund Jacobsen anfangs des 20. Jahrhunderts begründet. Jacobson fand heraus, dass die Reduktion des Muskeltonus die Aktivität des zentralen Nervensystems herabsetzt und sich somit gut zur Entspannung bei psychosomatischen Störungen eignet. Gerade bei Angstkrankheiten ist das polyvagale Nervensystem aus dem Gleichgewicht. Bei Angstzuständen reagiert die Muskulatur mit einer reflexartigen Anspannung. Der Sympathikus wird aktiviert. Er ist jener Teilbereich im vegetativen Nervensystem, der für Erregung und Aufmerksamkeit verantwortlich ist. Umgekehrt bewirkt eine Lockerung der Muskulatur ein Ruhegefühl und das „freut" wiederum das Pendant des Sympathikus, den Parasympathikus. Er ist verantwortlich für die Entspannung im Nervensystem. Mit Hilfe einer intensiven muskulären Entspannung soll die Progressive Muskelentspannung einer Stressreaktion entgegenwirken. Der Leitgedanke dabei ist: Ein entspannter Körper führt zu einem entspannten Geist. In der PME Methode werden insgesamt 17 verschiedene Muskelgruppen angesprochen, die jeweils angespannt und dann wieder gelockert werden. Ich durfte in dieser Woche die Wirkung selber an mir ausprobieren. Wir behandelten zwei Muskelgruppen im Bereich der Arme und im

Bereich des Gesichts. Die Behandlung fand in der Gruppe statt und wurde von einer fachkundigen Person geführt. Ich lag am Boden auf einer Matte, die Beine mit einer Decke zugedeckt. Die Leiterin führte uns mit gezielten Anweisungen zu den einzelnen Körperteilen. Zuerst wurde die Aufmerksamkeit zum Beispiel auf die Hand geleitet, ich verweilte in Gedanken an dieser Stelle einige Sekunden, danach ballte ich meine Hand zu einer Faust, hielt die Position einige Sekunden und löste dann die Faust und beobachtete, wie sich die Hand nun anfühlte. Während einer knappen halben Stunde wurden wir so zu verschiedenen Körperteilen geführt und wiederholten das Prozedere von Spannung und Entspannung. Dies tönt einfach und ist in der Durchführung tatsächlich nicht kompliziert. Ich schreibe meine Erfahrungen hier auf, weil mich PME begeistert. Ich habe normalerweise eher Schwierigkeiten, mich in einen Mediationszustand zu begeben, weil es mir nicht gelingt, die innere Spannung aufzulösen und so bleibe ich angespannt und kann mich nicht versenken. Mit der PME Methode hat sich diese innere Spannung viel schneller und effektiver gelöst als je zuvor. Ich glaube, das hängt damit zusammen, dass eben nicht nur entspannt, sondern zuerst die Spannung erhöht wird, die bewusst losgelassen wird. Dabei gelingt es mir, viel tiefer in meinen Körper hinein zu fallen und ich fühle mich richtig tiefenentspannt, ein wunderbares Gefühl, da ich während meiner Wachzeit meistens angespannt bin. Das Gefühl, mich fallen zu lassen zu können, war eine neue Erfahrung für mich, die ich sehr genoss. Ich freue mich auf weitere Erfahrungen mit PME.

Erkenntnis des Tages

Es macht Freude, sich auf Neues einzulassen. Ich entdecke hier in Rheinfelden viele neue Techniken, Herangehensweisen und Begegnungen mit Menschen, die mir gut tun und mein Leben bereichern.

Sonntag, 23. Januar

Haiku
Den Anker lichten
Rein in den Fluss des Lebens
Unterwegs mit mir

Musik
Allman Brown – Rivers

Am Wasser und im Fluss

Es hat symbolischen Charakter, dass ich hier in meinem Zimmer direkt hinaus auf den Rhein sehen kann. Er lädt mich ein, mich dem Fliessen hinzugeben, Altes loszulassen, den Anker zu lichten und die Reise mit meinem Lebensboot fortzusetzen zu neuen Horizonten und mir unbekannten Häfen. Noch ist es in der äusseren Welt nicht soweit, ich bin eben erst hier gestrandet und habe vor Ort noch einiges zu entdecken, aber meine innere Reise hat längst begonnen und das fliessende Wasser hilft, die inneren Prozesse in Fluss zu bringen. Schön für mich ist, dass es ausgerechnet der Rhein ist, der die Patenschaft für meinen Aufbruch übernimmt, jener Fluss, der mich schon jahrelang fasziniert und an dessen Ufer ich einst von Basel bis an den Bodensee gewandert bin. Angeregt von den Eindrücken habe ich seinerzeit ein Buch geschrieben, in dem der Rhein, der mich mit seinen Stimmungen gestreichelt hat, immer wieder Thema ist. Jahre später erlebe ich eine ähnliche Sogwirkung, wenn ich den Fluss an mir vorbeiziehen sehe. Ich sehe seine Quelle vor mir und seine über 1200 Kilometer lange Reise bis ins Meer, das seinerseits auch wieder Quelle ist. Der Rhein als Symbol für den ewigen Kreislauf, zu dem auch ich gehöre was mir auch vergegenwärtigt, dass die Vergänglichkeit kein Anfang und kein Ende hat, weil sich alles in den immerwährenden Kreislauf einfügt. Wenn ich sage, da fliesst er, der Rhein, dann stimmt das nur bedingt. Der Rhein als solches ist nicht etwas, das es gibt. Der Rhein, den ich erblicke, ist nie, nicht in einer Sekunde, derselbe. Die Wassermassen fliessen vorbei, jeder einzelne Tropfen ist einmalig und so entsteht der Rhein in jedem Augenblick neu, auch wenn ich der Täuschung erliegen könnte, der Rhein sei etwas Statisches. Dasselbe gilt auch für mich; den Thomas als etwas konstant Starres gibt es nicht. Ich erneuere mich permanent, Tod und Geburt in jeder Sekunde. So beschreibt es auch Leonardo da Vinci: *„Bei einem Fluss ist das Wasser, das man berührt, das letzte von dem, was vorübergeströmt ist, und das erste von dem, was kommt. So ist es auch mit der Gegenwart."*

Diesen Erneuerungsprozess möchte ich bewusster wahrnehmen und mich meinem Lebensfluss in meinem Inneren anheim geben, um Gelebtes, das keine Relevanz mehr hat und sich trotzdem an meine Seelenwände haftet, herauszuspülen. Je durchlässiger die inneren Kanäle sind, desto mehr werde ich auch im Aussen bereit sein, tiefer in den Fluss zu steigen, im Vertrauen darauf, dass sich mir neue Horizonte auftun mit verlockenden Häfen, in denen es sich lohnt, Zwischenhalte einzulegen bis die Reise eines Tages ins Meer führen wird, wo mich nicht das Ende erwartet, sondern meine Seinsform sich wandeln wird, um vielleicht im Kreislauf eine neue Bestimmung zu finden. So sitze ich hier, am Fluss des Lebens.

Erkenntnis des Tages
Ich darf mich viel mehr dem Leben einfach hingeben, ohne genaue Vorstellungen davon zu haben, wo die Reise hinführt.

Montag, 24. Januar

Haiku
Licht an und Action
Die Kulissen sind bereit
Same time tomorrow

Musik
Laurie Anderson: Same Time Tomorrow

Die Kulissen hochziehen
Wenn ich morgens erwache, ertappe ich mich, dass ich kontinuierlich meine Kulissen hochziehe, für mein Stück, das an diesem Tag gespielt werden soll. Das Stück trägt den Titel „Mein Leben" und wenn jeder einzelne Tag einem Akt gleichgesetzt wird, dann habe ich bereits schon über 22 500 Akte hinter mir. Manche dieser Akte sind sich ähnlich und wirken mit ihren manchmal repetitiven Inszenierungen nicht gerade magisch. Aber zwischendurch gibt es auch überraschende Einfälle, die dem Stück eine wohltuende Frische verleihen. Hauptdarsteller in diesem Stück „Mein Leben" bin ich und ich habe durchaus Einfluss oder Mitspracherecht, wie sich das Stück entwickeln soll, aber meine Selbstwirksamkeit ist nicht immer sehr hoch, da die Kulissen, die Statisten und das Licht nur teilweise von mir kontrolliert werden. Es scheint Vorgaben zu geben, die vor allem von der Regie bestimmt sind. Auch wenn ich versuche, ein gutes Verhältnis zum Regisseur meines Stückes zu pflegen, sind wir häufig nur ungenügend im Kontakt, um gemeinsam die täglichen Szenen zu besprechen. Vielleicht kann ich mein Unterbewusstes mit dem Regisseur gleichsetzen. So geschieht es eben, dass ich morgens aufwache und ich, respektive die Regie, die Kulissen hochzieht. Die ursprünglich leere Bühne wird eingerichtet, meistens mit diversem Mobiliar aus meiner

85

unmittelbaren Umgebung, die Küche taucht auf, ein Sessel, das Auto wird vorgefahren, der Kleiderständer wird herein geschoben, im Hintergrund erscheint eine Zuglinie, das Radio plärrt vor sich hin und jetzt erscheinen die Statisten und Schauspieler, meine Partnerin taucht auf, daneben gleich meine Tochter und meine Mutter, mein toter Vater mischt auch mit, hinten winkt mir meine Schwester zu und von links sausen Beat Feuz und Marco Odermatt mit ihren Skis vorbei. Winnetou und Old Shatterhand schwören sich am rechten Bühnenrand Blutsbrüderschaft und meine Arbeitskollegen hocken gelangweilt hinten in einer Ecke. Die Bühne ist bereit für den heutigen Akt, nur der Hauptdarsteller fehlt noch. Ich wache jeweils auf und bin für einen kurzen Moment jungfräulich, geprägt von meinen nächtlichen Traumerlebnissen und fühle mich meistens für einen kurzen Augenblick leicht. Aber dann werden die Schalter gedrückt, die Bühne mit den Kulissen erscheint und meine körperliche Wahrnehmung setzt ein, ein Zwicken da, ein Zwacken dort, latente Übelkeit und Schmerzen in der Hüftgegend und im Bauch – okay es geht wieder los. Ich betrete die Bühne und spiele weiter in meinem Stück, in den Kulissen, mit den Schauspielern, die ich nicht selber ausgesucht habe. Gespielt wird auch nicht das Stück in der realen Welt, es ist die Projektion auf die inwendige Leinwand in meinem Kopfkino, inszeniert von meinem all zu forschen und zurzeit wenig teamfähigen Regisseur, der in seinem Kämmerchen im vegetativen Nervensystem sitzt und seine eigenen Ideen rigoros umsetzt, ob es mir nun passt oder nicht und es passt mir nicht. Ich habe aber leider keinen Zugang zu seinem Refugium und bin gezwungen, seine Inszenierung zu spielen und mich auf der Bühne irgendwie zurechtzufinden. Um in dieser für mich unmöglichen Situation eine Lösung zu finden, bin ich hier in der Klinik in Rheinfelden, quasi in der Gewerkschaft der vegetativen Regisseure und erhoffe mir, dass sie sich mit mir zusammen dafür einsetzen können, damit es uns gelingt, den eigensinnigen Regisseur, der sich von mir abgesetzt hat und seine Fantasien einsam in einem verborgenen Kämmerchen auslebt und auf meiner Lebensbühne zur Aufführung bringt, wieder zurück ins Boot zu holen, um die weiteren Akte gemeinsam zu besprechen. Ich wünsche mir eine leere Bühne, ohne automatisch hochgezogene Kulissen und verselbstständigte Statisten. Leer soll sie sein, meine morgendliche Bühne, sodass ich sie betreten kann und den neuen Akt meines Lebens sich gestalten darf, ohne Prämissen und gewohnheitsmässige Abläufe. Wenn ich den Vergleich mit einer Operninszenierung mache, dann möchte ich auch nicht zehnmal dieselbe Aufführung sehen. So eindrücklich die Aufführung aus dem Jahr 2005 der Traviata in Salzburg ist, mit Anna Netrebko als Violetta in rotem Kleid und Rolando Villazon als Alfredo in schwarzem Anzug, so bin ich doch froh, dass es auch andere Inszenierungen gibt. Das Stück bleibt dasselbe, aber es werden andere Kulissen hochgezogen und es entsteht etwas Neues und Einzigartiges, wie im letzten Jahr mit der Inszenierung in Basel. Nicole Chevalier als Violetta ist während der ganzen Aufführung alleine auf der Bühne, welche nur spärlich ausgestattet ist. Dasselbe Stück mit einer völlig anderen Stimmung und wiederum eindrücklich und einzigartig. So möchte ich mein Stück auch gestalten können, vielfältig, einzigartig und vor allem mit mir als Mitgestalter und nicht einem Regisseur ausgeliefert, der tut, was er will.

Mich erinnert die Situation manchmal an den Film „The Truman Show" aus dem Jahr 1999. Die zentrale Figur ist Truman Burbank, der, ohne es zu wissen, der Hauptdarsteller einer Fernsehserie ist, die sich grosser Beliebtheit erfreut. Täglich werden die Kulissen hochgezogen und Truman spielt in seinem Stück, das nicht sein eigenes ist, eine Rolle, die ihm übergestülpt wird. In einem grossen Regieraum hinter dem künstlichen Himmel, sitzt Christof, der Produzent, gottgleich und zieht die Fäden, ganz ähnlich wie mein Regisseur in seinem Kämmerlein in meinem vegetativen Nervensystem. Truman merkt nach knapp 30 Jahren, dass sein Leben ein grosser Betrug ist und verlässt am Ende durch eine versteckte Türe im Kulissenhimmel seine künstliche Lebensbühne, um sich selber und sein eigenes Leben zu entdecken. Diese Himmelstüre möchte auch ich finden und meinen Christof, im Gegensatz zu Truman, einladen, mitzukommen, um gemeinsam mit mir mein Lebensstück mit den täglich neuen Szenen zu inszenieren und zu gestalten.

Erkenntnis des Tages

Ich brauche Zeit, mich mit meinen Themen zu beschäftigen. Mein Tagesablauf muss in Zukunft abgespeckt werden, damit ich auf meine Gefühlslagen reagieren kann. Mit zu viel Druck und Programm ist die Gefahr gross, dass meine Ängste grösser werden.

Dienstag, 25. Januar

Haiku
Ich spür' den Körper
Es zwickt und zwackt hier und dort
Was verheisst Heilung?

Musik
Arcade Fire: My Body Is a Cage

Mein Körper und die Schmerzen
Der Körper als Heimat meiner Seele, ein Bild, das mir gut gefällt, und diese Heimat ist leider nicht in Bestform, so wie meine Seele auch nicht. Jetzt soll aber mein physischer Körper im Mittelpunkt stehen und ich möchte ihn betrachten von meinen Füssen, also von meinem Stand her nach oben, bis zu meinem Kopf. Meine Füsse tragen mich derzeit recht gut, aber es gab in den letzten Jahren auch dort viele Problemzonen. Lange Zeit behinderte mich ein Fersensporn, der sich nicht unter, sondern hinten an der Ferse gebildet hatte und dazu geführt hatte, dass meine Sehne permanent entzündet war. Eine Stosswellentherapie half ein wenig, aber schmerzfrei wurde ich erst, als ich aufhörte, Squash und Badminton zu spielen. Seither kann ich mich wieder schmerzfrei wandernd bewegen, was für mich sehr wichtig ist. Wenn ich tanzen gehe, spüre ich die Sehne umgehend und habe danach zwei, drei Tage unter Schmerzen zu leiden. Es ist also Vorsicht und die richtige Dosierung geboten. Vor rund 10 Jahren schmerzten mich meine Füsse in der Zehenregion und auf dem Rist stark. Diese Schmerzen haben sich zurückentwickelt; wie mir das gelang, weiss ich nicht, aber ich bin froh, dass mein Fusswerk momentan stabil ist und mir meine Mobilität gewährleistet. Vor acht Jahren riss meine Achillessehne am linken Bein und sie musste operiert werden. Die Blessur heilte insgesamt gut

und ich verspüre keine Behinderung mehr beim Gehen. Einzig der Zehenstand mit dem linken Bein gelingt mir nicht mehr so gut wie mit dem rechten. Ich habe in der linken Wadenmuskulatur Kraft verloren und der Unterschied zur rechten Wade ist augenfällig. Ich habe im Lauf der Jahre bemerkt, dass die Wadenmuskulatur für mich wichtig ist, trägt sie mich doch beim gehen – ich gehe meistens auf meinen Fussballen –die Hauptlast. Meine Oberschenkel sind unauffällig, aber sehr verspannt, das haben wir hier in der Physiotherapie festgestellt. Und nun kommt meine Problemzone. Zuerst ist da meine Hüfte, oder die Gelenkpfanne des Oberschenkels, die geplagt ist von Arthrose, so konstatiert es zumindest der Hausarzt. Fakt ist, mich schmerzt die gesamte Hüftgegend. Genau lokalisieren kann ich den Schmerz nicht, mal einfahrend, dann wieder dumpf und stetig, aber doch so, dass meine Bewegungsfreiheit in diesem Bereich stark eingeschränkt ist. Zusätzlich fühle ich manchmal nicht genau definierbare Schmerzen im unteren Bauchbereich und darüber liegend habe ich im Magen permanent ein ungutes Gefühl, mit Druckschmerzen in der Bauchhöhle und stets leicht entzündeter Magenschleimhaut. Gegen diese Entzündung nehme ich ein Medikament. Dazu kommt, dass es mir morgens beim Aufstehen immer übel ist. Der Bereich zwischen Unterbauch bis zum Ansatz des Brustkorbs ist seit eineinhalb Jahren nicht im Lot. Magen- und Darmspiegelung wurden gemacht, ohne negativen Befund. Ich werde nun übermorgen eine Ultraschall Untersuchung durchführen lassen; vielleicht ergibt diese eine neue Erkenntnis. In der Brust verspüre ich seit Monaten stechende Schmerzen in der Herzgegend und Druck im ganzen Brustbereich mit Ausstrahlung manchmal bis in die Arme und Hände. Die Arthrose macht sich bei meinen Fingern sehr stark bemerkbar. Ich musste in den letzten drei Jahren dreimal Zysten an meinen Fingern operieren lassen. Die Nackenregion ist häufig sehr verspannt. Die Kopfschmerzen, unter denen ich vor rund 25 Jahren häufig litt, haben sich gebessert. Zwischendurch habe ich aber während mehrerer Tage Kopfschmerzen im Bereich der Augen. Soweit mein kleiner Körperscan, der mir deutlich macht, dass es da schon einige Baustellen gibt, die teileweise bestimmt behandelbar sind, sei es mit Training und mit besserem seelischen Wohlbefinden, was gerade das Unwohlsein in der Brust und im Bauch lindern könnte. Zusammenfassend muss ich sagen, zufrieden bin ich nicht mit meinem Check. Auch wenn ich primär wegen meiner Angst in der Klinik bin, so bin ich doch froh, dass das Angebot bezüglich Körperarbeit vielfältig ist. So erhalte ich die Möglichkeit, einerseits etwas gegen meine Ängste zu tun, weil gerade die Arbeit mit dem Körper häufig eine entspannende Wirkung hat und hilft, den Sympathikus etwas zu beruhigen. Gleichzeitig bekomme ich aber auch ein besseres Körpergefühl, das mir eine aufrechtere und präsentere Haltung ermöglicht. Kurzum, das Zusammenspiel von Körper und Seele ist wichtig für meine innere Balance und für ein Gefühl, kohärent, zu sein. Wenn ich meinen Körper pflege, dann ist das auch Balsam für meine Seele und umgekehrt gilt das Gleiche. Mit den psychosomatischen Ursächlichkeiten gewisser Körperschmerzen kann ich mich bewusst auseinandersetzen und Wirkung erzeugen. Es ist auch hier ein dialektischer Ansatz; ein Sowohl-als-auch, was meiner innersten Grundüberzeugung entspricht.

Erkenntnis des Tages
Körper und Seele sind als Paar am stärksten. Es lohnt sich, zu beiden gleichermassen Sorge zu tragen.

Mittwoch, 26. Januar

Haiku
Öffentlich weinen
Blutend leg ich mich nieder
Schichten freilegen

Musik
Deine Lakaien: Lonely

Im Tal der Tränen
Was nach einem Titel eines Winnetou Films tönt, war für mich gestern die schlichte Wahrheit. Ich wachte morgens auf und fühlte mich nicht besonders gut, es war mir unwohl, wie meistens beim Aufstehen und zusätzlich fühlte ich eine innere Aufgeregtheit, die sich später, im Modul zum Thema Austrittsvorbereitung aus der Klinik, in eine Angstattacke verwandelte. Auslöser war, so vermute ich, das Sichtbarwerden meiner Zeit nach der Klinik, in der für mich viele essentielle Themen nicht geklärt sind. So zum Beispiel die Nachfolge der Einzeltherapie und wie es mit meinem Berufsleben weitergehen soll und wird. Diese Themen, mit grosser Unsicherheit im Schlepptau, kamen wie eine Wand oder wie ein vernichtender Sandsturm auf mich zu. Ich konnte die Therapiestunde einigermassen gefasst zu Ende bringen und hatte wenig später mit meiner Bezugsperson vom Pflegedienst ein regulär einberaumtes Gespräch. Als er mich fragte, wie es mir gehe, brach ich in Tränen aus. Er zeigte viel Verständnis und sprach mir zu, alles rauszulassen. Für ihn war es ein Zeichen, dass sich Anteile aus meinen tieferen Schichten bemerkbar machen und gesehen werden wollen. Wir sprachen über das Weinen und ich schilderte ihm, dass mir meine Partnerin das Bild von mir als ein verwundetes Tier, das immer weiterhetzt und nicht den Mut aufbringt, sich

niederzulegen, vermittelt hat. Und ein solches Niederlegen hat in diesem Moment für einen kleinen Augenblick stattgefunden, wofür ich sehr dankbar bin. Wenn ich daran denke, dass eine meiner Ängste auch darin besteht, dass ich daran zweifle, dass die Menschen in meiner Umgebung meine Not sehen können, dann bin ich doppelt froh, dass ich mich von meiner verletzlichen Seite zeigen konnte, zumal mir meine Bezugsperson das Gefühl vermittelte, dass sie mich in meiner Vielschichtigkeit wahrnimmt. Er äusserte sich diesbezüglich auch und meinte, ich hätte tatsächlich einen grossen „Schutzwall" um mich errichtet, der häufig in allen Farben leuchte und schimmere. Aber in der Zeit, in der wir zusammen an meinen Themen arbeiteten, habe er kleine Risse entdeckt und könne meine tieferen Schichten erahnen. Bei mir ginge es nicht um ein paar verhaltenstherapeutische Tipps und Ansätze, sondern um meine ganze Lebensgeschichte, die auch nach dem Klinikaufenthalt weitergehen werde. Es tat mir gut, zu spüren, dass da ein Gegenüber ist, das mich zumindest teilweise erkennt und mich im wörtlichen Sinn „wahrnimmt".

Dieses Wahrgenommenwerden werden begleitet mich schon seit ich denken kann und ich habe in meinem Leben viel Energie investiert, dass ich für die äussere Welt stattfinde, in der Hoffnung, wahrgenommen und schliesslich auch geliebt zu werden. Neben dem Interesse an der Sache war diese Hoffnung eines meiner Leitmotive als ich grosse Theaterrollen spielen durfte und noch viel mehr als ich beim Radio und Fernsehen als Moderator arbeitete. Es ging dabei bestimmt auch um narzisstische Bedürfnisse, aber der Applaus allein, den man nach einer guten Leistung erntet, befriedigt nicht. Die Situation war viel existenzieller gefärbt. Für mich war der Applaus Symbol des Wahrgenommen-, respektive Gelietbtwerdens. So war es aber von den Applausspendern nicht gemeint. Der Applaus war vielleicht schon ehrlich oder zumindest den Gepflogenheiten des Anstands entsprechend korrekt. Aber selbstverständlich dauert diese Aufmerksamkeitsbekundung nur ein paar Sekunden und dann sind andere Dinge im Fokus und ich bleibe zurück, irgendwie allein, leer und ausgelaugt und habe schon bald, wie ein Junkie, das gehetzte Verlangen nach mehr. Und so eilte ich von Auftritt zu Auftritt, bis ich nicht mehr konnte, weil ich vor meinen Auftritten so von Ängsten geplagt war, dass ich bis kurz vor dem „Top" des Regisseurs, was bedeutet, du bist auf Sendung, Todesängste hatte. Und trotzdem nahm ich während Jahren diese Tortur auf mich, ganz unter dem Motto „The show must go on." Das Weitergehen der Show hat ebenfalls zwei Bedeutungen. Einerseits im Sinn: nach der Sendung ist vor der Sendung, andererseits aber auch die eigene Show, in der ich meine coole Fassade aufrecht hielt und nichts von meinen Ängsten preisgab. Mit dieser Taktik erstaunt es nicht, dass die Menschen um mich herum kaum ahnen, wie es in meinem Inneren aussieht. Sie glauben, ich schüttle meine Auftritte aus dem Ärmel und sind immer wieder erstaunt, wie souverän ich mich im Rampenlicht bewegen kann.

Als meine Kräfte für dieses Spiel nicht mehr reichten, änderte ich meine Strategie und zog mich von der Bühne und den Schweinwerfern zurück und „verstecke" mich nun seit gut 20 Jahren. In meinem Freundeskreis bekomme ich viel Zuneigung und Wärme, aber ansonsten bin ich eher menschenscheu und, obwohl ich es in meinem Kern nicht bin, fühle ich mich als Misanthrop. Mit meiner Verachtung kann ich mir einreden, besser als die anderen zu sein, ohne dass das wohl stimmt. Das ist mir in den letzten Tagen in der Klinik bewusst geworden. Und gerade im mich Zeigen, in meinem kleinen Tal der Tränen, hat sich etwas in meinem Inneren zu einer menschenfreundlicheren Qualität hinbewegt, das in mir die Hoffnung weckt, noch mehr von mir zu zeigen zu dürfen und so langsam aus der Versenkung aufzutauchen zu können. Ich denke, 20 Jahre Verstecken spielen sind genug, zumal ich der einzige bin in diesem Spiel. Und so suchte ich eigentlich immer mich selber und fand mich nie richtig, weil ich dem Irrtum erlag, dass andere Menschen mich finden müssten. Aber es spielte eben niemand mit – irgendwie doof! Wenn niemand mitspielt, bin ich der doppelt Geprellte, weil niemand mich sucht. Dazu kommt, dass, obwohl ich gesehen werden möchte, ich mich versteckt habe und nicht realisierte, dass ich dadurch noch weniger stattfinde, da ich aus dem Untergrund agiere, inkognito, Spuren verwischend, leise und angepasst. Der einzige, der dieses Spiel spielte war ich und paradoxerweise war ich selbst nicht einmal in der Lage, mich zu finden. Mit den Tränen tat sich ein kleines Rinnsal auf, das eine kleine Verbindung zwischen Innen und Aussen darstellt, eine Verbindung, die ausbaufähig ist. Vielleicht wird aus dem Rinnsal eines Tages ein Tal, das für mich gerne den Namen „Tal der Tränen" tragen darf.

Erkenntnis des Tages
Ich möchte mich in Zukunft mehr zeigen und mich nicht mehr verstecken, sondern auf die Menschen zugehen.

Donnerstag, 27. Januar

Haiku
Klinische Halbzeit
Blick zurück und nach vorne
Neue Ausrichtung

Musik
Konstantin Wecker: Bin ich endlich angekommen

Neue Ausrichtung
Angekommen bin ich sicherlich noch nicht – aber was heisst das schon, bei sich ankommen? Ankommen als ein Endziel ist wahrscheinlich nicht möglich, ist das Leben doch ein stetiger Wandel. Schön wäre es, in immer kleineren Sequenzen anzukommen, weil das bedeuten würde, dass ich mir ziemlich nahe bin. Das Thema Ankommen hat sich mir diese Woche ganz offenkundig präsentiert mit dem Modul, in dem es um Austrittsthemen ging, sprich, wie gestalte ich meinen Alltag, welche Therapien führe ich fort, welche neuen Hobbies oder Beschäftigungen strebe ich an und wie geht es mit der beruflichen Arbeit weiter? Diese Fragen haben mich in Unruhe gebracht und teilweise erschüttert, vor allem das Thema meiner beruflichen Tätigkeit. Ich habe meine Arbeitsstelle bewusst von mir ferngehalten, um einfach hier in der Klinik anzukommen – ein zwischenzeitliches Ankommen – und um mich mit mir und meinen Themen zu beschäftigen. Das hat gut getan und doch ist mein Aufenthalt im Hotel Schiff zeitlich begrenzt und somit rückt die Gestaltung des Lebens nach dem Klinikaufenthalt näher und in den mentalen Fokus. In der interprofessionellen Sitzung mit meinem Psychotherapeuten und meiner Pflegebezugsperson haben wir die Themen angesprochen. Ich kann mich nächste Woche bei einem Psychotherapeuten in Basel vorstellen, um allenfalls bei ihm

die Einzeltherapie fortzusetzen. Eigenartige Handhabe am Rande: Mir wurde gesagt, dass ich diesen Termin nicht über die Krankenkasse abrechnen kann, da dies während der Klinikzeit nicht möglich sei. Irgendwie speziell; das nahtlose Weiterführen der Therapie wird damit behindert. Es sollte eigentlich im Interesse der Kasse sein, dass die Behandlung möglichst lückenlos weitergeführt werden kann und dies ist nur möglich, wenn ich einen Ersttermin während meines Klinikaufenthalts wahrnehmen kann. Nun gut, ich erhielt den Termin und bezahle ihn selber, es geht ja letztlich um mich. Und ich bin froh, dass ich diesbezüglich eine Unsicherheit weniger habe. Was mich aber zurzeit sehr beschäftigt, ist meine Arbeitssituation. Meine Arbeit ist eigentlich nur mit hundertprozentigem Einsatz möglich. Zeitlich könnte ich sicher auf 50 Prozent oder weniger reduzieren, aber das ändert nichts daran, dass wenn ich in meiner Klasse mit den sehr herausfordernden Jugendlichen arbeite, dies nur funktioniert, wenn ich topfit und bereit bin. Es braucht die volle Aufmerksamkeit und Präsenz, um in diesem schwierigen Umfeld bestehen und den jungen Menschen auch eine Stütze sein zu können.

Hier im geschützten Rahmen der Klinik kann ich es mir leisten, zu sagen, ich gehe jetzt auf mein Zimmer oder ich fühle mich nicht gut und gehe eine Stunde spazieren, oder ich ziehe mich zurück, um meine Atemübungen zu machen. Oder ich halte die Ängste, die mich immer wieder befallen, einfach aus. Aber im Kontext des Schulbetriebs ist das nicht möglich. Ich kann den Jungs nicht sagen: „Arbeitet schön weiter, ich gehe jetzt schnell mal ins andere Zimmer und mache meine Atemübungen". Die Möglichkeit, wie in anderen Berufsgattungen, langsam wieder einzusteigen, gibt es hier nicht. Ein Mitpatient, der heute wieder nach Hause zurückgekehrt ist, erzählte mir, dass er in seinem Job als wissenschaftlicher Agrarberater vorerst nicht an der Front eingesetzt werde, also keine Besuche auf den Bauernhöfen, sondern zu Beginn der Wiederaufnahme seiner Arbeit im Hintergrund bleiben werde und wissenschaftliche Artikel schreiben werde. Dies ist in meiner Arbeit nicht möglich. Für mich gibt es nur „das Kerngeschäft" und da sehe ich momentan viele Schwierigkeiten. Ich frage mich derzeit, ob ich überhaupt wieder in diesen Aufgabenbereich einsteigen kann. Und wenn nicht, was dann? Genau um diese und andere Fragen zu klären, werde ich nächstens einen Termin bei der klinikinternen Sozialberatung haben. Ich mag mich jetzt noch nicht festlegen, wie meine berufliche Karriere bis zu meiner Pension weitergehen wird. Aber wichtig scheint mir, dass mit einer Fachperson die verschiedenen Möglichkeiten aufgezeigt und durchgespielt werden. Meine Gesundheit und das Finanzielle müssen abgewogen und zu einem verantwortbaren Kompromiss zusammengeführt werden.

Ich habe heute auf meinem ausgedehnten Spaziergang gemerkt, dass es mich beruhigt, dass das Thema nun auf dem Tisch ist und ich mir diesbezüglich helfen lasse. Und so sind lebensplanerische Beratungen genauso wichtig wie psychotherapeutische Massnahmen. Es ist ein Gesamtpackage, das geschnürt werden muss. Ohne meinen Aufenthalt in der Klinik wäre die interdisziplinäre Zusammenarbeit viel aufwändiger und schwieriger gewesen. Ich habe viele Projekte im Hinterkopf, die aber nur dann zur Reifung gelangen können, wenn sich auch bezüglich meiner Arbeitssituation einiges klärt und ich mich darauf einstellen kann. Ich werde in einem späteren Eintrag auf meine Vorstellungen eingehen, wie mein Leben nach meiner Pension- – oder eben schon früher, je nach Lösung, die sich anbietet – aussehen könnte und welche Projekte in meinem Kopf herum schweben und auf eine Realisation warten. Zuerst ist jetzt aber das Anstreben von Klarheit angesagt und ich bin zuversichtlich, dass sich eine für mich passende Lösung finden lässt.

Erkenntnis des Tages
Ich darf mir Zeit lassen, es gibt überall Menschen, die mir helfen können. Das einzige, was es dazu braucht, ist meine Offenheit und den Mut, zu meinen Schwierigkeiten zu stehen und mir helfen zu lassen.

Freitag, 28. Januar

Haiku
Ausgeglichenheit
Ich schwinge in der Mitte
Im sowohl als auch

Musik
Tom Aragon: Dream Catcher

Ausgeglichenheit
Ich mache mir immer wieder Gedanken, was für mich Ausgeglichenheit, Balance oder Gleichgewicht bedeuten. Wenn ich das Bild einer Waage vor Augen habe, dann wird es deutlich, Gleichgewicht heisst, dass in den beiden Waagschalen gleichviel Gewichtiges drin sein muss. Es braucht also mindestens zwei Komponenten, die zum Gleichgewicht führen. Was auf den ersten Blick logisch erscheint, ist in der täglichen Praxis, wenn es um Stimmungsqualitäten geht, nicht immer eindeutig. Wenn ich mich zum Beispiel innerlich nervös fühle, reicht es nicht, mich einfach hinzulegen und darauf zu warten, dass mein inneres Gleichgewicht hergestellt wird. Ich habe hier gelernt, dass jeweils zunächst mehr Spannung erzeugt werden muss, um eine Entspannung zu erreichen, oder zuerst der Körper gefordert werden muss, damit er sich ermüdet ausruhen kann. Es braucht also zwei gleich starke Qualitäten, die in die beiden Waagschalen gelegt werden müssen. Dies ist für mich ein interessanter Ansatz, der mir bis jetzt in dieser Klarheit nicht bewusst war. Häufig suche ich in schwierigen Situationen nur nach dem einen, von dem ich mir Linderung verspreche, dies allein reicht aber nicht. Es braucht die Kehrseite, das Pendant in gleichwertiger Qualität. Das Dualistische, das Entweder-oder funktioniert nicht, auch hier wieder das schon oft erwähnte Dialektische, das Sowohl-als-

auch. Ich habe in meinem Buch „Klanginsel" folgendermassen darüber geschrieben: *„In der eigenen Mitte zu sein, bedeutet für mich, im Auge des Sturms zu sein, während rundum die Gegensätze toben und alles schwingt."*

Für mich trifft das Bild, im Auge des Sturms zu sein, das Thema sehr gut. Meine Mitte ist nicht dort, wo einfach Ruhe herrscht, sondern dort, wo die Gegensätze in den Schalen sich die Waage halten. Und so strebe ich keine Ausgeglichenheit an, in der ich erstarrt und unbeweglich verharre, im Irrgauben, dabei handle es sich um ein Gleichgewicht. Dies wäre für mich viel eher ein Eingezwängt-sein in einem „gefühllosen Schraubstock". Ich möchte die Schwingungen spüren, die gefärbt sind von Sowohl-als-auch-Qualitäten, traurig und fröhlich, wütend und gelassen, ängstlich und vertrauensvoll. Ausgeglichen u sein ist also alles andere als leblos. Bei meinen Angstattacken verspüre ich manchmal eine Ungeduld, die mir zusätzlich den Atem einschnürt. Ich möchte meine unguten Gefühle schnellstmöglich weghaben und vergesse gerne den Weg, den es zu gehen gilt. Es ist ein Irrtum, dass all die guten und nützlichen Tipps alleine dazu führen, dass sich die Angst wandelt, aber es sind Bestandteile, die in die Waagschale geworfen werden dürfen. Und auch beim Gebrauch der Hilfsmittel bin aufgefordert, nicht alle in die gleiche Schale zu geben, da sich so kein gesundes Gleichgewicht bilden kann. Ohne Unterlass Körperübungen zu machen ist nicht zielführend, auch wenn diese Übungen gute Werkzeuge im Umgang mit der Angst sind. Aber alleine funktionieren sie auch nicht, es braucht ein Gegengewicht, so zum Beispiel die Entspannung und die mentale Arbeit. Welche Qualität in welche Schale gelegt wird, ist nicht wesentlich. Wichtig ist, dass die beiden Schalen in die Balance gelangen. Wenn es um Emotionen wie Angst, Traurigkeit etc. geht, ist eine sofortige Balance selbstverständlich kaum möglich. Aber allein schon, dass es auch konträre Anteile gibt, kann vielleicht helfen, eine Zuversicht zu entwickeln. Das „Waagschalenprinzip" ist für mich bei ganz pragmatischen Angelegenheiten bestechend. Wenn ich mich zum Beispiel stark körperlich betätige, ist der entspannende Ausgleich ausserordentlich wichtig. Oder nach grosser Denkarbeit, sich anschliessend bewusst dem Moment und den Gefühlen einfach hinzugeben, schafft genau diese Balance. Ich neige dazu, mich einseitig zu betätigen und den Ausgleich zu vernachlässigen, mit dem Resultat, dass mein inneres Gleichgewicht nicht vorhanden ist und ich mich dem Sturm aussetze, der mich hin und her schlägt. Für mich ist es eine knifflige Übung, herauszufinden, wie ich die beiden Waagschalen ausbalancieren kann. Um diesem Ziel näher zu kommen, will ich meinen Verstand, also das Denken, einsetzen und gleichermassen auf die Körpersignale achten, die mir anzeigen, was der Körper gerade braucht. Das Intuitive übersehe ich gerne und bin mit meinem Denken manchmal etwas voreilig. Ich will meinen Kopf und mein Körperwissen näher zueinander führen, damit die Waagschalen immer öfter in der Balance sind und ich somit näher in meine innere Mitte komme, zu meiner eigenen Ausgeglichenheit.

Erkenntnis des Tages
Mein Klinikaufenthalt kann meine Probleme nicht lösen, ist aber ein guter Anstoss, an meinen Themen dranzubleiben, auch nach meiner Rückkehr nach Hause. Ich will meinen Bedürfnissen gegenüber wachsam bleiben und versuchen, meine innere Balance immer wieder anzupeilen. Dies mit Achtsamkeit, mit Hilfe meines Verstandes und meiner Intuition.

Samstag, 29. Januar

Haiku

Keine Erwartung
Keine Herkunft und kein Ziel
Einfach nur warten

Musik

Andreas Bourani: Sein

Warten

Warten auf etwas Bestimmtes, auf den nächsten Sonnenstrahl, auf die Ankunft meiner Liebsten, auf den Monatslohn, oder auf das Resultat der ärztlichen Untersuchung. Warten ist nicht gleich warten, wenn es sich um ein „Warten auf" handelt. Die Zeit, bis das, worauf ich warte eintritt, wird von verschiedensten Emotionen begleitet. Eine Wartezeit kann sich schier endlos dehnen oder auch im Nu vorübergehen; das Warten birgt Zauberkräfte in sich. Heute Morgen habe ich auf meine Partnerin gewartet, nicht mit Ungeduld, sondern mit Vorfreude und einem sanften Kribbeln im Bauch. Dabei wurde mir bewusst, dass das Warten für mich Zeitgewinn bedeutet und ich mich, seit ich denken kann, immer wieder gerne in diese Warteschlaufen hinein versenke. Es ist richtig, ich warte meistens jeweils auf einen Menschen oder ein Ereignis, das unmittelbar bevorsteht, aber während des Wartens gelingt es mir, das Objekt des Wartens beinahe zu vergessen und mich dem Warten an sich hinzuhalten. Die Zeit löst sich für einen Augenblick auf, ich verschmelze mit dem Jetzt und es gibt genau für diesen Augenblick kein Gestern und kein Morgen, kein Hier und kein Dort, es ist einfach, zeitlos, raumlos und haltlos. Es ist für mich ein Zustand, in dem meine innere und äusser Welt angehalten werden und ich mich auflöse und Frieden verspüre. Kein „ich sollte, ich muss", kein „was kommt?", einfach nur sein. Es sind die Lebensauszeiten, die ich bewusst erlebe, eine alles erfüllende Leerheit, in der ich mich fallen lassen darf. Meistens aber bin ich nicht in der Warteschlaufe und stets mit etwas beschäftigt, das mich umtreibt. Selbst das Nichtstun ist eine Aktivität, in der Zeit und Raum nicht verschwinden. Spannend ist für mich, dass hier in der Klinik oft über Entspannungstechniken gesprochen wird und ich bei vielen Körpertherapien gerne dabei bin. Im Gegensatz zu meinen Wartezeiten, sind diese Körperübungen aber allesamt viel weniger tiefgreifend für mich. Sie helfen mir, meinen Körper zu spüren und Verspannungen zu lösen, meine Beweglichkeit zu fördern und das ist gut so. Ich bleibe aber insgesamt angespannt, wie es meiner körperlichen Grundhaltung entspricht.

Beim Warten ändert sich das. Die Anspannung ist wahrscheinlich noch genau so vorhanden, aber sie spielt keine Rolle mehr. Ich begebe mich in einen fast körperlosen Zustand und geniesse die Leichtigkeit, die ich im Nicht-mehr und im Noch-nicht verspüre. Es ist, als ob die Zeit sich verabschieden würde, zu Gunsten der Ewigkeit, ja, warten bedeutet für mich Ewigkeit. Wenn die Vergangenheit und die Zukunft keine Rolle spielen, bleibt nur noch die Gegenwart, und die ist zeitlos und somit ewig. Diese kurzen Momente der Ewigkeit in meinen Warteschlaufen sind für mich auch jetzt in meiner nicht immer ganz einfachen Zeit, in der mich Ängste heimsuchen, von grosser Wichtigkeit. Das Ansinnen, vermehrt in der Gegenwart zu sein, um den Ängsten kein Futter aus den Trögen der Vergangenheit und Zukunft zu liefern, bekommt mit den Eigenschaften des Wartens an sich einen neuen hilfreichen Begleiter. Das Warten als Zaubermittel. Manchmal erliege ich meiner Ungeduld und forciere meine Bemühungen, mich meiner Ängste zu entledigen – meistens ohne Erfolg. Mein

Warten auf angstfreiere Zeiten ist noch sehr auf die Zeitachse bezogen. Sollte es mir vermehrt gelingen, das „Warten auf" gegen das „Warten an sich" zu tauschen, würde der Zauber der Gegenwart, des Ewigen, besser wirken können. Die Ängste, die sich vor allem um verfaulte Vergangenheitsäste ranken und wie Blitze aus nicht realen Zukunftsluftschlössern herausschiessen, finden in der Gegenwart weder Raum noch Zeit, wirksam zu sein. Wenn Angst, dann bitte gegenwartsbezogene, die genau in diesem Moment sinnvoll ist und sich danach wieder zurückziehen darf. Dem Warten bin ich intuitiv begegnet und gerade heute wird mir die Qualität dieses Geschenks bewusst, geht es doch um nichts Geringeres als um die Gegenwart. Im Wandel vom „Warten auf" zum „Warten an sich", vergegenwärtige ich mich und aus dem Warten wird das Sein, ich bin.
Ja, ich warte, ich bin ein Wartender, ich bin im Sein.

Erkenntnis des Tages
Warten ist für mich eine Brücke in die Gegenwart, zum Sein.

Sonntag, 30. Januar

Haiku
Ich mache Pause
Nicht denken, lesen, schreiben
Ich lasse mich sein

Musik
Max Richter: Dream 13 (minus even)

Montag, 31. Jan.

Haiku
Ich will wirklich sein
Aus mir in die Welt strahlen
Beseeltes Leben

Musik
2raumwohnung: Wirklich sein

Wirklich sein
Wann *bin* ich wirklich? Gibt es überhaupt eine definierbare Wirklichkeit? Gibt es eine objektive Wirklichkeit, oder ist sie immer subjektiv? Ich möchte mich dieser Frage zuerst theoretisch nähern mit zwei Modellen, die für meine Situation, in der ich mich im Moment befinde, relevant sind. Was ist Wirklichkeit im postmodernen Kontext und was bedeutet sie in der Betrachtungsweise des Neuen Realismus? Als Beispiel nehme ich das Bild einer Kuh, die auf einer Weide steht und grast. In der Postmoderne könnte man nun sagen, die grasende Kuh auf der Weide sieht für jeden, der sie betrachtet, anders aus, folglich gibt es die grasende Kuh per se nicht. Im Neuen Realismus käme man zum Schluss, dass es die grasende Kuh wirklich gibt, aber dass die Sichtweise, die Perspektive darauf, verschieden ist und all diese verschiedenen Perspektiven und die Kuh, die auf der Weide grast, ergeben zusammen die Wirklichkeit. Wirkliches als Summe von all den Sichtweisen, die sich über einen bestimmten Gegenstand, den es gibt, ergeben. Diese feine Unterscheidung zwischen der postmodernen und neorealistischen Sichtweise ist für mich von bedeutender Tragweite. Wenn ich die grasende Kuh gegen meine Angst tausche, stellt sich die Frage der Wirklichkeit weniger offensichtlich, da meine Angst für andere weder sichtbar noch

111

nachempfindbar ist. Aber die Angst gibt es für mich, so wie es die grasende Kuh auch gibt. Wenn ich nun von meiner Angst berichte, wenn ich mich damit zeige, meine Symptome nicht verstecke, rückt meine Angst auch für Aussenstehende in einen für sie wahrnehmbaren Bereich. Nun beginnt aber auch hier der neorealistische Ansatz, der für mich hilfreich ist. Die Art und Weise, wie meine Freunde, Familie und Therapeuten auf meine Angst blicken, erweitert den Eigenschaftsfächer der Angst. Die Angst und die verschiedenen Sichtweisen darauf machen aus ihr etwas Wirkliches, das keine feste Grenzen kennt, aber für mich in der Vielfalt der Perspektiven immer präziser wird und somit zu einem lebendigen Gefühl wird, das wandelbar ist. Betrachte ich meine Angst mit dem postmodernen Ansatz, dann wäre die Schlussfolgerung, dass die Angst nur subjektiv von Bedeutung ist und mein ganzes Umfeld sowieso etwas ganz anderes darunter versteht, als das, was ich empfinde. Also gibt es die Angst als solches nicht. Und damit beschneide ich mich um zwei wertvolle Qualitäten: Erstens wird mir das Ernstnehmen meiner Ängste versagt, da es sie eigentlich gar nicht gibt. Und das wiederum würde bedeuten, meine Ängste wären fiktiv und eingebildet, was in der Ursächlichkeit vielleicht teilweise stimmt, aber im sich Zeigen der Symptomatik falsch ist. Zweitens werde ich mit dem postmodernen Ansatz von der Umgebung ausgeschlossen. Der Austausch zum Thema, das Ringen um Definitionen und erklärenden Bildern findet nicht statt, da es meine Angst nicht wirklich geben soll. Ich würde mich sozial dissoziieren und das käme einer ideellen Bankrotterklärung gleich. Gerade mit dem Mut, zu meinen Ängsten zu stehen, sie zu zeigen und mich damit verletzlich aber auch greifbar zu machen, öffne ich die Türen für neue Ansichten und Anteilnahme. Meine Angst wird getragen von einem sozialen Netz, von einer gemeinschaftlichen Wirklichkeit, die mir hilft, besser mit ihr umzugehen. Meine Wirklichkeit verändert sich im Austausch und wird in ein gesellschaftliches Netz gewoben, welches mich hält und mich auch durch meine Krisen trägt. Wirklich sein heisst für mich, auf meine innere Stimme, auf meine inneren Emotionen und Stimmungen einzugehen, diese aber gleichermassen in der äusseren Welt sichtbar zu machen. Wenn ich mich mit meiner Angst beim Psychologen zeige, erweitert sich meine Angstwirklichkeit um die Tipps und Fragen, die er einbringt. Genau so ist es bei meinen Freunden; im Mich zeigen wird die Angst auch für sie wirklicher und führt zu Anteilnahme, die der Angst und den damit für mich verbundenen Abgründen den Schrecken etwas nimmt. Mit dem neorealistischen Ansatz, wirklich zu sein, bin ich nicht allein, die Umwelt, die Welt, wird mit einbezogen und gibt dem Wirklichen mehr Tiefe, Verbundenheit und Tragkraft.

Nun stellt sich für mich aber doch die Frage, kann ich mich immer zeigen oder will ich mich überhaupt zeigen? Wenn ich von meiner Angst spreche, gibt es nicht nur die verschiedenen Perspektiven der Menschen in meinem Umfeld, selbst ich habe je nach Tagesform und Stimmung verschiedene Perspektiven, das heisst meine Wirklichkeit verändert sich auch ohne äussere Einflüsse stetig. Zudem mag ich nicht immer alles von mir preisgeben. Und somit ist die Diskussion über postmodern oder neorealistisch vielleicht müssig, weil das Menschsein mit Modellen nicht „wirklich" erklärbar ist. Ich bin immer wieder dem Dilemma ausgesetzt, dass ich die Brücke von meinem Inneren in die äussere Welt nicht schlagen kann. So wandle ich auf mir selbst unbekannten Pfaden in meiner Seelenlandschaft und bin gleichzeitig ein Wanderer in der äusseren Welt und somit ein Weltenwanderer, ein Pendler zwischen innen und aussen. Setze ich das Wort „wirklich" mit dem Begriff „sein" gleich, dann würde das bedeuten, die innere und äussere Welt schwingen im Einklang, ich bin in meiner Mitte, im "Sowohl-als-auch". Ich bin in meiner Warteschlaufe, ich bin im Sein, oder ich *bin* einfach. Dies ist ein hehres Ziel, das zu erreichen wahrscheinlich nicht möglich ist, aber es steht wie ein Wegweiser und gibt die Richtung vor, die ich einschlagen möchte. Darüber hinaus sage ich aber Ja zu meinem Menschsein, das den Modellen nicht immer Genüge leisten kann, aber mit dem Wandelbaren, mit dem, was ich nicht wissen kann und will, einen Zauber ausübt, den ich nicht missen möchte. Rainer Maria Rilke schreibt zu diesem Thema in den „Aufzeichnungen des Malte Laurids Brigge:

„Wir entdecken wohl, dass wir die Rolle nicht wissen, wir suchen einen Spiegel, wir möchten abschminken und das Falsche abnehmen und wirklich sein. Aber irgendwo haftet uns noch ein Stück Verkleidung an, das wir vergessen. Eine Spur Übertreibung bleibt in unseren Augenbrauen, wir merken nicht, dass unsere Mundwinkel verbogen sind. Und so gehen wir herum, ein Gespött und eine Hälfte: weder Seiende, noch Schauspieler."

Diese pessimistische Sicht teile ich nicht. Da ich nicht glaube, dass das Ziel, ein Seiender zu werden, erreichbar ist, sondern eine Einladung darstellt, sich auf den Weg in diese Richtung zu machen, werde ich auch nicht zum Gespött, sondern anerkenne einfach mein Menschsein. Vielleicht bin gerade mit meinem Sosein in dem Moment, der einem stetigen Wandel unterworfen ist, wirklich. Wirklich im Sinne der unendlichen Perspektiven, die den Wirklichkeitsteppich weben, auf dem ich getragen bin, eingebunden in eine Wirklichkeit, die wirkt.

Erkenntnis des Tages

Mir wurde heute bewusst, dass viele angstvolle Gefühle, derentwegen ich hier in der Klinik bin, sich noch genau so zeigen, wie vor dem Eintritt. Körperlich fühle ich mich eindeutig besser, aber die Ängste, die über mich herfallen, sind noch unverändert da und lassen mich in regelmässigen Abständen zittern. Es scheint, als ob die Entwicklung zu einem besseren Angstmanagement viel Zeit und Geduld braucht.

Dienstag, 1. Februar

Haiku
Wünschen und Wollen
Auf dem Weg der Achtsamkeit
Lebensgestaltung

Musik
Herman van Veen: Wenn ich mir was wünschen dürfte

Wünschen – Wollen – Achtsamkeit
Das mit dem Wünschen ist so eine Sache, was kann ich mir wünschen, was will ich mir wünschen und was, wenn mein Wunsch in Erfüllung geht? Erfüllen sich Wünsche einfach so, ohne einen Preis einzufordern? Bin ich mit der Erfüllung eines innigen Wunsches dann wunschlos glücklich? Es gibt das Bonmot: Sei vorsichtig, was du dir wünschst, es könnte in Erfüllung gehen. Auch hier eine Warnung, nicht naiv mit dem Wünschen umzugehen. In überlieferten Märchen und Sagen sind Wünsche, die magisch und ohne eigenes Dazutun in Erfüllung gehen, selten harmlos und wirklich wünschenswert. So erfüllt in der griechischen Sage Dionysos, Gott der Fruchtbarkeit, König Midas einen Wunsch, nachdem dieser eine gute Tat vollbracht hat. Der König überlegt nicht lange und sagt: „Schaffe, dass alles was meinen Leib berührt, in funkelndes Gold sich wandle." Dionysos gewährt Midas den Wunsch. So geschieht es, dass alles, was der König berührt, golden wird. Der Tisch, das Bett, die Bäume, das Schwert, egal, was es ist, alles verwandelt sich nach einer kleinen Berührung in Gold. Die Freude ist gross, aber währt nicht lange. Als Midas Freunde zum Essen lädt, verwandeln sich auch die Speisen und der Wein in Gold und sind somit nicht geniessbar. Das, was Midas zuerst als Segen empfunden hat, wandelt sich nun in einen Fluch. Es gelingt ihm aber, sich vom Fluch zu befreien. In

115

dieser Sage zeigt sich, wie wahr der Ausspruch „Sei vorsichtig, was du dir wünschst, es könnte in Erfüllung gehen" ist.

Ähnlich verhält es sich in einem meiner Lieblingsmärchen „Vom Fischer und seiner Frau". Nachdem ein Fischer einen von ihm gefangenen Butt, der angeblich ein verwunschener Prinz sein soll, ins Meer zurückgibt und ihn am Leben lässt, möchte die Fischersfrau eine Gegenleistung für die edle Tat ihres Mannes. Sie wünscht sich eine bessere Behausung als die armselige, als „Pissputt" bezeichnete Hütte. Der Fischer möchte eigentlich keine Gegenleistung, will aber seine Frau nicht enttäuschen und geht zum Strand am Meer und ruft den Fisch zu sich. Aus Dankbarkeit erfüllt der Fisch den Wunsch und die ärmliche Hütte verwandelt sich in eine bessere Behausung. Die Fischersfrau begnügt sich aber nicht mit dem einen Wunsch und will immer mehr. Der Butt gewährt all ihre Wünsche. Zum Schluss fordert sie, wie Gott zu werden, worauf sie wieder in ihre armselige Pissputt Hütte zurückversetzt wird. Die Erfüllung der Wünsche waren auch hier kein Segen, mündeten sie doch in Gier und Unzufriedenheit, bis sich der Rahmen wieder schliesst und der Fischer und seine Frau wieder am selben Ort sind, wie vor den Wünschen. Zwei Beispiele, die zeigen, dass das Wünschen, ohne selbst den Weg zur Erfüllung zu gehen, trickreich und mit Nebenwirkungen gespickt ist.

Wenn ich nun den Übergang zu meiner Angst mache, kann ich das Wünschen, ohne eine Eigenleistung zu erbringen, durchaus nachvollziehen. Ich möchte, dass meine Angst, wie durch ein Wunder, nicht mehr da ist. Mein Butt wäre mein Psychologe, der mich mit einem Wunderelixier aus der Pharmaküche und geheimnisvollen Zaubersprüchen in einen angstlosen Zustand zaubern würde. Wow, nun ist alles gut – oder doch nicht? Was ist mit den Nebenwirkungen des

Elixiers, habe ich mich selber in dieser magischen Wunscherfüllung verloren? Mein scheinbares Glück bezahle ich mit dem Preis der Abhängigkeit von meinem Butt, der sich meiner Kontrolle entzieht. Ich bin den Weg zu meinem angstlosen Zustand nicht selbst gegangen und habe somit keine Erfahrungen im Umgang mit meiner Angst und den vielen kleinen Helferchen machen dürfen, die mir in diesem Werden gut tun. Hier kommt nun das Wollen ins Spiel. Ich kann mir selbstverständlich wünschen, meine Angst möge verschwinden, aber ohne das Wollen verwandelt sich der Wunsch zu einem weit entfernten Fluchtpunkt irgendwo am Horizont, zu dem kein gangbarer Weg führt. Erst mit dem Wollen komme ich ins Handeln. Ich kanalisiere meinen Wunsch und leite ihn ins Wollen, aus dem ein zielgerichtetes Handeln abgeleitet werden kann. Mein Wunsch ist noch immer, meine Ängste zu vermindern und um dies zu erreichen, spreche ich mit meinem Psychologen, mache Atemübungen und lasse mir durch verschiedene andere Therapien helfen. All diese Aktivitäten sind dem Wunsch untergeordnet, besser mit meinen Ängsten umgehen zu können, in der Hoffnung, dass sie mittelfristig geringer werden. Aber ich wünsche dies nicht ins Blaue hinaus, warte nicht auf einen Butt, der mir diesen Wunsch erfüllt. Ich mache mich auf den Weg und versuche willentlich, der Erfüllung meines Wunsches näher zu kommen. Für Wünsche, die ich erreichen möchte, ist der Schritt übers Wollen zum Handeln unablässig.

Wenn es sich um unerfüllbare Wünsche handelt, möchte ich den Begriff *Wunsch* durch das Wort *Sehnsucht* ersetzen. Im Gegensatz zu einem Wunsch, in dem immer, auch wenn er nicht erfüllbar ist, eine Prise Hoffnung steckt, das Gewünschte möge sich auf wundersame Weise doch manifestieren, zeigt Sehnsucht eher eine Richtung an. Sie ist der Motor, dass ich mich auf den Weg mache in meine Sehnsuchtsrichtung, im Wissen darum, dass ich wahrscheinlich nie am Ziel dieser Sehnsucht ankomme, aber unterwegs verblüfft feststelle, dass meine erfüllbaren Wünsche unterwegs am Wegrand liegen und nur darauf warten, aufgegriffen zu werden. Der Sehnsuchtsmotor nach einem kaum erreichbaren Wunschhorizont hat mich in Bewegung gebracht und mit all den beseelten Erfahrungen unterwegs mehr als entlohnt für den Mut, mich auf den Weg zu machen, angetrieben von einer Sehnsucht, die irgendwann nicht mehr aus dem Sehnen nach etwas besteht, sondern einfach nur Sehnsucht ist. Um auf meine Ängste zurückzukommen; sollten sie sich einfach so durch einen magischen Zauberer auflösen, dann habe ich mich nicht auf meinen Sehnsuchtsweg gemacht. Der vielleicht nicht erfüllbare Wunsch, dass meine Ängste verschwinden, verbindet sich mit meiner Sehnsucht, die mir als Motor dient, um ins Wollen und ins Handeln zu kommen. Ich mache mich auf den Weg, der von meinem Sehnsuchtswegweiser angezeigt wird. Und allein damit beginnt ein Weg, auf dem ich unglaublich viele und zum Teil grossartige Erfahrungen machen darf. Vielleicht helfen diese Erfahrungen, dass sich meine Angst schrittweise anders zeigt und dass ich irgendwann nicht mehr weiss, welcher Wunsch mich konkret auf meinen Sehnsuchtspfad geführt hat. Ich bin unterwegs, angetrieben von meiner Sehnsucht, die ihr Motiv verloren hat und mich absichtslos auf dem Weg hält.

Und nun kommt der Begriff Achtsamkeit ins Spiel. Da ich meine konkrete Sehnsucht, mir den Wunsch, meine Ängste möchten doch möglichst schnell verschwinden, gegen eine Sehnsucht an sich, die frei von konkreten Wünschen ist, eingetauscht habe, gelingt es mir, mich frei auf meinem Weg zu bewegen und einfach wahrzunehmen, was mir begegnet. Ich darf mich in den Moment hineinfallen lassen und mit wachem Geist, das was mir begegnet, beobachten, aufgreifen und wieder zurücklegen. Der indische Philosoph Jiddu Krishnamurti schreibt: *„Achtsamkeit ist ein aufmerksames Beobachten, ein Gewahrsein, das völlig frei von Motiven oder Wünschen ist, ein Beobachten ohne jegliche Interpretation oder Verzerrung."* Für mich sind dies anstrebenswerte Qualitäten, gerade auch im Umgang mit meiner Angst. Ich versuche, meine Gedanken zum Themenkomplex *Wünschen – Wollen – Achtsamkeit* zu bündeln und sie im Zusammenhang mit meiner Angst zusammenzuführen. Ich hege den Wunsch, dass meine Ängste verschwinden. Ich erwarte nicht, dass dieser Wunsch sich mit Hilfe eines Zauberers auf wundersame Weise erfüllen wird. Folglich wähle ich einen anderen Weg. Ich habe nicht nur den Wunsch, dass meine Ängste verschwinden, ich will dies! Ich verbinde meinen Wunsch mit meinem Wollen. Wenn ich etwas will, muss ich handeln, ich muss etwas tun, damit ich mein Ziel erreichen kann. Deswegen bin ich in der Klinik, lasse mich beraten, setze mich mit mir und meinen Themen auseinander, stelle mich meinen Ängsten. Ich tue konkret etwas, damit sich mein Wunsch erfüllen kann. Gleichzeitig versuche ich, meinen Wunsch als eine Sehnsucht zu betrachten, die mir als Motor dient, mich auf den Weg zu machen und auf ihm zu bleiben. Achtsam gehe ich Schritt für Schritt und beobachte, nehme wahr, was mir unterwegs begegnet und versuche den Fokus von der Angst auf das Unterwegssein zu richten. Und plötzlich entdecke ich etwas, das meine Aufmerksamkeit einfordert und dann wieder woanders eine Kleinigkeit, die mich in den Bann zieht. So gehe ich auf meinem Lebensweg, angetrieben von der Sehnsucht, mit dem Fokus auf dem, was sich mir zeigt. Und unmerklich, aber stetig verblasst der Wunsch, meine Ängste loszuwerden und zu erkennen: Meine Sehnsucht ist nur noch Sehnsucht, ohne nach irgendetwas Bestimmten. Ich bin unterwegs, das ist alles, wirklich alles.

Erkenntnis des Tages

Ich besuchte heute Lektionen in Atemtherapie, Körperwahrnehmung und Physiotherapie. Es war ein bedeutender Tag, weil mir klar wurde, dass ich meinen Oberkörper mit meinen Beinen und Füssen verbinden muss. Es ist als hätte ich zwei autonome Betriebssystem, eines vom Rumpf abwärts und das andere vom Rumpf aufwärts. Dazwischen liegen meine Hüfte und das Becken, die wie eine grosse Trennmauer dazwischenliegen, gleichzeitig aber die Festigkeit einer Staumauer haben; meine Energien werden dadurch gestaut. Meine Aufgabe ist es, vermehrt den Fokus auf die Füsse zu lenken, damit ich an Bodenhaftung gewinne. Ich merke, dass alle diese Übungen bei mir gut wirken und sich mein Körpergefühl spürbar zum Guten verändert.

Mittwoch, 2. Februar

Haiku
Betriebssysteme
Beine, Staumauer und Kopf
Schleusentor öffnen

Musik
Thomas Tallis: If Ye Love Me

Betriebssysteme
Mein Thema, das mich heute beschäftigt, mutet vielleicht etwas technisch an. Verfügt der Mensch normalerweise über ein zusammenhängendes Betriebssystem, so ist mir gestern das Bild hochgekommen, von zwei Betriebssystemen, die mich antreiben. Ich versuche hier, dieses Bild zu beschreiben. Das eine System befindet sich unterhalb meines Rumpfs und das andere darüber. Unterhalb meiner Hüfte und meines Beckens agieren Oberschenkel, Knie, Waden und Füsse. Ich habe nicht das Gefühl, dass diese Gliedmassen mit meinem Oberkörper zusammenhängen, sie arbeiten irgendwie autonom – ich weiss natürlich schon, dass dies faktisch nicht stimmt. Meine Oberschenkel sind permanent verspannt und die Waden müssen grundsätzlich Grosses leisten. Beim Gehen bewege ich mich hauptsächlich aus meinen Waden heraus. Meine Beine und Füsse arbeiten viel und tragen mich durch die Gegend, ohne dass ich das Gefühl habe, dass sie energetisch von meinem Oberkörper versorgt werden. In diesem sind die lebenserhaltenden Organe beheimatet, wie die Lunge mit ihrem Atem und das Herz, das das Blut mit all seinen wichtigen Bestandteilen durch meine Blutbahnen pumpt. Auf die anderen Organe möchte ich an dieser Stelle nicht näher eingehen. Dazu kommt das Rückenmark mit seinen Nervenbahnen, die das Gehirn mit dem Körper verbinden. Und

121

so wie in mir das Bild von einem autonomen Betriebssystem in meinem Unterkörper erscheint, so habe ich dieselbe Vorstellung von meiner Körperpartie von der Hüfte gesehen aufwärts. Mein Atem bleibt mir im Brustbereich stecken, mein Herz schlägt oberflächlich, meine Nervenbahnen stocken im Beckenbereich. Es ist, als ob meine Hüfte und mein Becken zu einer Staumauer geworden sind, die nichts, oder nur wenig durchlassen. Mein Atem erreicht die Füsse nicht, er wird oberhalb des Beckens gestaut. Dies äussert sich für mich konkret mit dem Gefühl, dass die Luft in meiner Brust stecken bleibt und ich Schmerzen in dieser Gegend verspüre, oder auch damit, dass ich nur schwer flatulieren kann. Mein Verdauungstrakt tut sich seit langer Zeit schwer, was auch wieder davon zeugt, dass meine „Staumauer" zu wenig durchlässig ist. Ich fühle mich wie dreigeteilt: Da sind die Beine und Füsse, darüber die Huft- und Beckenstaumauer und dann der Rest des Körpers. Mein Ziel in der Atem und Physiotherapie ist es zurzeit, dass ich mehr Bodenhaftung erhalte. Den Boden unter den Füssen spüren, den Atem ganz nach unten lenken, die Verbindung von Kopf und Fuss wieder herzustellen, daran arbeiten wir. Es geht dabei nicht nur um den Atem, sondern vielmehr darum, den Energiefluss wieder zu animieren. Momentan ist es eher so, dass meine Beine recht gut trainiert sind und meinem häufig aufblitzenden Fluchtmodus gerecht werden. Gleichzeitig schwebe ich aber über dem Grund und bin in meinem Kopf; darunter all die gestaute Energie, die Blockaden, die mir das Leben schwer machen. Es ist, als ob der Schleusenaufseher der Staumauer eingeschlafen ist und selbst dann, wenn der Druck von oben gross ist, die Schleuse nicht öffnet und somit meine oberen Körperpartien überschwemmt werden. Zum Glück bin ich selbst der Schleusenwärter und ich werde versuchen, die – weil lange nicht gebraucht – verstopften Ventile und Tore zu öffnen und so zu regulieren, dass der Energiefluss von Kopf bis

Fuss wieder möglich ist. Erst dann, wenn dies gelingt, werde ich mich als *ein* zusammenhängendes Betriebssystem spüren. Wie sich das anfühlen wird, habe ich gestern in meinen Therapien erahnen können und es ist mir klar geworden: Davon will ich mehr. Es ist nicht so, dass mir die Energie fehlt, sie ist einfach fehlgleitet, gestaut und kommt nicht dort an, wo sie sollte. Meine Situation bedingt also eine Reinigung und eine Justierung, bis meine Lebensenergie wieder ungehindert fliessen kann.

Erkenntnis des Tages
Ich habe heute einen neuen Psychotherapeuten in Basel kennengelernt und mich im Erstgespräch mit ihm wohlgefühlt. Ein zweiter Termin ist vereinbart und somit geht es bezüglich Einzeltherapie nach dem Klinikaufenthalt weiter.

Donnerstag, 3. Februar

Haiku
Mit aufrechtem Gang
Hetze ich durch die Gegend
Komm, lass dich gehen

Musik
Gabrielle Roth & The Mirrors: Chen Rezi

Mich gehen lassen
„Aus der Aktivität aussteigen und endlich einmal passiv werden." Was wie ein Werbeslogan klingt, kommt für mich eher einem Hilferuf aus der Tiefe meiner Seele gleich. Angeregt zu diesem Gefühl mit den nun folgenden Gedanken wurde ich heute Morgen in der Physiotherapie, als mir meine Therapeutin lapidar sagte: „Lassen Sie sich doch einfach mal auf dem Stuhl hängen." Und da wurde mir bewusst, dass ich selbst beim gemütlichen Sitzen, völlig verkrampft bin. Mein Oberkörper ist steif wie ein Bambusstab, meine Hände aufgestützt auf der Sitzfläche, meine Beine angezogen und die Füsse in Lauerstellung auf den Zehenspitzen, so quasi unter dem Motto: Allzeit bereit. Bereit zur Flucht und nicht zum gemütlichen Entspannen. Das ist meine Grundhaltung, immer fluchtbereit. Diese Feststellung hat mich dazu animiert, mich mit dieser Haltung auseinanderzusetzen und in mich hinein zu horchen, was das Gegenteil, oder die konträre Ergänzung sein könnte und wie sich das wohl anfühlen würde. Wenn ich darauf blicke, wie sich mein Tagesablauf im Normalfall präsentiert, dann stelle ich fest, dass ganz egal was ich mache, es sich immer um ein Tun handelt. Ich tue etwas, ich gehe spazieren, ich gehe einkaufen, ich „tue" lesen, ich tue Musik hören und ich tue mich hinlegen und ich tue ruhen. Selbst an sich entspannende Sequenzen sind für mich mit Aktivitäten

verbunden. Wenn ich zum Beispiel auf dem Bett liege, ist es nicht einfach mein Körper der ruht, nein, ich bin ein aktiv Liegender. Kurzum, ich bin bei allem, was mir tagsüber begegnet, aktiv „am tun" und finde somit selten in die Entspannung herein. Ich kontrolliere alles, bin stets fluchtbereit und kann mich kaum fallen lassen. Entsprechend energieintensiv sind meine Stunden, auch dann, wenn ich eigentlich nichts tue, weil ich selbst dann am Machen bin. Wie würde sich das nun für mich anfühlen, wenn ich das Tun nicht auf die Seite legen würde – das wäre ja auch schon wieder eine Aktivität – sondern das Tun einfach sein lassen würde, und wie stelle ich das an? Mich sein lassen, oder um es mit dem Begriff des Gehens zu formulieren: Vom Gehen ins Mich gehen lassen hinüberzugleiten.

Sich gehen lassen hat in unserer Kultur etwas Anrüchiges an sich, löst aber für mich Sehnsucht nach innerem Frieden aus. Es ist ein Mich anheim geben, an etwas, das ich nicht bezeichnen kann. Ich werde führungslos – oder übernimmt eine andere Macht die Führung über meinen Körper, über meine Seele? Ich weiss es nicht, zum einen, weil mir die Erfahrung fehlt und zum anderen, weil ich es auch nicht wissen will. Das Abgeben der Kontrolle und mich gehen zu lassen bedingt ein grosses Vertrauen. Und doch, wenn es mir in den letzten Tagen ansatzweise für kurze Momente gelang, mich dem Mich gehen lassen ein bisschen hinzuhalten, erahne ich diesen ersehnten inneren Frieden. Es ist, als ob ich für einen kurzen Moment Pause von mir selbst hätte. Oder ist es eher eine Pause von meinem Ich zugunsten meines Selbst, das sich erst in solchen „Egopausen" entfalten darf? Eigentlich egal, wer oder was da wirkt, entscheidend ist, dass ich es wahrnehme und es mir gut tut. Nicht *ich* tue mir in diesen Augenblicken gut, sondern *es* tut mir gut. Ich bin in der passiven Rolle und darf einfach geniessen, als ob ich im Urlaub bin, bevor ich zu meinem aktiven Tun zurückkehre, in dem ich mir selber durchaus auch Gutes tue. Aber einfach mal alle Viere von mir zu strecken und mich gehen lassen zu dürfen, hat in mir einen bisher ungeahnten Reiz ausgelöst. Ich könnte mir gut vorstellen, dass in diesen passiven Ruhephasen leichtes Suchtpotential steckt, eine Sucht, der ich mich gerne hingeben will. Zusammen mit meinen Atemübungen, den Erfahrungen in der Physiotherapie und bei den Übungen, in denen es um Körperwahrnehmung geht, beginnt in mir etwas zu fliessen, meine Energie findet den Weg vom Kopf zu den Füssen besser und somit nehmen die Stockungen in meinem Brust- und Bauchbereich ab. Ich denke, dass damit auch meine Ängste kleiner werden. Alles hängt miteinander zusammen, die Puzzleteilchen müssen nur zusammengefügt werden. Mich gehen lassen ist wiederum ein solches kleines Puzzleteil, das für das ganze Bild unentbehrlich ist. Ich werde in Zukunft weiterhin von da nach dort gehen, mich aber mit grosser Freude immer wieder mal gehen lassen.

Erkenntnis des Tages

Ich darf in meinem Leben lockerer werden, mich gehen lassen und muss nicht immer alles unter Kontrolle haben. Let it go, let it flow.

Freitag, 4. Februar

Haiku
Ich kann's nicht ändern
Radikale Akzeptanz
Neue Wege geh'n

Musik
Anna Ternheim: Walk Your Own Way

Radikale Akzeptanz
Dieser hart anmutende Begriff ist mir in dieser Woche begegnet und ich habe gemerkt, dass darin ein grosses Kraftpotential liegt. Worum geht es? Bei der radikalen Akzeptanz geht es darum, Ereignisse, Tatsachen, Zustände, die nicht zu ändern sind, bedingungslos hinzunehmen oder eben auf radikale Art zu akzeptieren. Das bedeutet, meinem Drang, etwas ungeschehen machen zu wollen, nicht nachzugeben, sondern mich auf die neue Situation einzustellen und meine Energie nicht für etwas, das nicht mehr zu ändern ist, zu vergeuden. Um es mit einem Beispiel zu verdeutlichen: Bei einem Unfall verletze ich mich so schwer, dass mir ein Bein amputiert werden muss. Ich kann den Unfall nicht ungeschehen machen und die Wut und der Schmerz, dass sich mein Leben so plötzlich verändert und nicht mehr dasselbe ist wie zuvor, ist begreiflicherweise immens gross, aber ich kann es nicht ändern. Und nun stellt sich die Frage, wie lange bleibe ich im Zustand des Haderns und in meinem Kopfkino gefangen, welches Filme spielt mit Szenen, in denen ich all das tun kann, was mir nun verwehrt wird. Meine Energie fliesst an einen Ort, der dem aktuellen Leben nicht entspricht. Dass negative Gefühle und Gedanken auftauchen, ist verständlich und am Anfang von etwas dermassen Einschneidendem völlig normal. Aber je mehr Zeit vergeht, desto mehr entsteht eine

129

neue Normalität und die neue Lebenssituation wird Alltag. In dieser Phase stellt sich nun die Frage, gelingt es mir, die radikale Akzeptanz zu verinnerlichen? Kann ich einen definitiven Strich unter mein Leben vor dem Unfall ziehen und meine ganze Energie auf die Vorstellung lenken, wie ich mein Leben mit den neuen Voraussetzungen gestalten will.

Die radikale Akzeptanz kann aber auch bei kleinen, viel weniger gravierenden Ereignissen angewendet werden. In all den Situationen im Alltag, wenn ein Lapsus passiert, wenn ich zum Beispiel ein Glas fallen lasse, mir der Zug vor der Nase wegfährt, oder ich wegen einer starken Erkältung das Konzert meiner Lieblingsgruppe nicht besuchen kann. Auch in diesen Fällen kann ich nichts ändern, ich habe die Wahl, mich aufzuregen und zu fluchen und schlechte Laune zu haben. Oder ich kann mir sagen, es ist halt so und ich versuche aus der Situation das Beste zu machen und meine Energie dahin zu lenken, wo sich mir etwas Neues auftut. Auch das entspricht der radikalen Akzeptanz. Beim Thema Angst tue ich mich mit der neuen Akzeptanz schon schwerer, weil ich dieses überhöhte Gefühl nicht einfach so annehmen will. Deshalb besuche ich all die verschiedenen Therapien, in der Hoffnung, meine Angst möge kleiner werden. Das will ich auch weiterhin tun, aber es gibt einen Aspekt in der Thematik, der die radikale Akzeptanz gutheisst. Nicht in der Meinung, dass es sich bei der Angst um etwas Unveränderbares handelt, aber im Bewusstsein, dass sie sich nun mal zeigt, gewissermassen zu mir gehört und dass ich die Situation nicht ändern kann. Ich kann Einfluss darauf nehmen, in welchem Ausmass sie auftaucht und wie ich mit ihr umgehe, aber sie ist da und nimmt durchaus auch wichtige Funktionen wahr. Und damit kann und will ich ihr Auftauchen nicht ändern. Mit der Einstellung der radikalen Akzeptanz gelingt es mir vielleicht besser, weniger Widerstand zu leisten, der seinerseits das

Gegenteil provoziert; die Angst wird mit ihm nicht kleiner, sondern grösser. Das Annehmen nimmt die scharfen Kanten und somit verkörpert die radikale Akzeptanz eher eine energetische Rolle. Sie holt mich aus der Negativspirale heraus, mein Fokus verändert sich. Mit dem Akzeptieren der Angst brauche ich die Aufmerksamkeit nicht mehr auf sie zu richten. Ich kann mich anderen Dingen zuwenden, ich gestalte mein Leben also neu und damit gelangt die gestaute Energie ins fliessen. Ich habe in den letzten Tagen über die Symbolkraft des Rheins geschrieben, über das Bild des Lebensflusses, in den ich einsteigen und mich vertrauensvoll treiben lassen darf. Ich habe über das Beenden von Zyklen sinniert, wie wichtig es ist, die Vergangenheit ruhen zu lassen, Kapitel zu schliessen und weiterzugehen. Ich habe über das Mich gehen lassen nachgedacht. Dies sind alles unterschiedliche Bilder und Begriffe für die radikale Akzeptanz. Ob ich mich nun der Angst stelle, schmerzvolle Erfahrungen imaginiere, den kaputten Lieblingsball meiner Kindheit betraure oder am Grab meines Vaters stehe – ich kann es nicht ändern. Mit Hilfe der radikalen Akzeptanz mache ich die Ereignisse nicht ungeschehen, aber die Energie fliesst nicht mehr zurück in die Vergangenheit, sondern steht mir für Gestaltung meiner Gegenwart und die Zukunft zur Verfügung. Radikal zu sein ist manchmal ganz schön hilfreich!

Erkenntnis des Tages
Meine Energie steckt viel zu viel in den Themen, die mir nicht guttun. Ich will das Kommando in den verbleibenden Kliniktagen meiner Seele anvertrauen und sie bitten, mir zu zeigen, wonach sie sich sehnt. Mein Verstand darf vorübergehend kürzer treten.

Samstag, 5. Februar

Haiku
So viele Welten
Wo ist mein Heimatboden?
Wo bin ich zuhaus?

Musik
Nick Cave & Warren Ellis: Lavender Fields

Ein Märchen
Es war einmal ein kleiner Junge mit dem Namen Tober, der lebte zusammen mit seiner Schwester Uma im Königreich Urrotanien. Es war ein kleines Reich, das vom Königspaar Urro regiert wurde. Die Kindheit von Tober war sorgenfrei und geprägt von den vielen verschiedenen Spielplätzen, die es in Urrotanien gab. Da wurde gesungen, gespielt, diskutiert, Theater gespielt und herumgetollt. Das Königspaar verstand es gut, Menschen von ausserhalb des Königreichs anzulocken, um sich an Aktivitäten innerhalb des Reiches zu beteiligen. So wuchsen Tober und Uma in einer Welt auf, die vom Königspaar Urro gestaltet wurde und in der es viel zu entdecken gab. Während alle Menschen, die an den verschiedenen Anlässen dabei waren, jeweils abends wieder nach Hause, ausserhalb des Königreichs, gingen, verweilten Uma und Tober im Reich ihrer Eltern. Manchmal, in ruhigen Momenten, sinnierte Tober darüber, wie es wohl ausserhalb von Urrotanien aussehen könnte. Er verspürte eine Sehnsucht, andere Welten kennenzulernen. Eines Tages war bei den Gästen, die häufig zu Konzerten und sonstigen Veranstaltungen zu Besuch kamen, ein junger Mann dabei. Er hatte ein Buch dabei und Tober fragte ihn, was er da in der Hand halte. Lasar Schreiber, so hiess der junge Mann, erklärte ihm, dass dies der Schlüssel zu anderen Welten sei. Tober

wurde neugierig und bat Lasar, ihm ein Buch zu besorgen. Mit einem verschmitzten Grinsen zog dieser ein zweites Buch aus seiner Tasche und sagte: „Das gehört dir." Überrascht nahm es Tober in seine Hände und fragte erstaunt, warum er ihm dieses Buch schenke. Lasar Schreiber meinte: „Ich habe deine Sehnsucht nach anderen Welten erkannt, noch darfst du das Königreich nicht verlassen, aber mit dem Lesen kannst du, ohne dass du körperlich weggehen musst, reisen, wohin du willst. Nimm es und reise!" Nachdem Tober den Titel des Buches „Die Boote von Brakkeput" gelesen hatte, blickte er auf. Erstaunt stellte er fest, dass Lasar Schreiber weg war. Er las das Buch und reiste in ihm durch unbekannte Länder und Abenteuer. Als er damit fertig war, verspürte er den Drang, mehr zu lesen. Kaum war dieser Wunsch in ihm gegenwärtig, stand Lasar Schreiber neben ihm und gab ihm wortlos das nächste Buch in die Hände. Dieser Vorgang wiederholte sich immer wieder.

Die Sehnsucht nach anderen Ländern und Königreichen war somit aufs erste gestillt. Und trotzdem wuchs in Tober die Sehnsucht, Urrotanien zu verlassen. Ihm fehlte es an eigenen Gestaltungsmöglichkeiten, er spürte, dass seine Heimat mehr die Heimat der Eltern war und nicht seine eigene. Manchmal abends, wenn er im Bett lag, sah er auf der Mauer, die das Königreich umgab, Schatten tanzen, die von einem Leben ausserhalb Urrotaniens zeugten. Das Königspaar zeigte wenig Interesse am Leben ausserhalb ihres Reiches und war mit der Umsetzung ihrer eigenen Ideen innerhalb des Reiches beschäftigt. Was draussen vor sich ging, interessierte sie nicht besonders und so schafften sie es nicht, ihre beiden Kinder Uma und Tober, sanft nach aussen zu stossen, damit sie Erfahrungen sammeln könnten. Als Tober volljährig wurde, verkündeten Urro: „Nun, mein Junge, jetzt bist du erwachsen. Jetzt kannst du tun, was du willst." Tober blieb noch eine

Weile in Urrotanien, bis er dem Impuls, zu gehen, nachgab. Er verabschiedete sich von Urro und Uma, öffnete das Tor nach draussen und wagte den Schritt ins Unbekannte. Was ihm dort begegnete, überforderte ihn erst einmal komplett. Es war hell, laut, stinkig und voller Menschen. Die Eindrücke prasselten auf ihn ein und er wusste nicht, wie er sich verhalten sollte. Als er den Blick vom Boden nach oben richtete, stand er vor einem Brunnen, in dem ein junger Mann mit langen Haaren stand und ihn anlächelte: „Neu hier?" fragte er Tober. „Ja, ich glaube schon". „Ich heisse Björn Gutklang, magst du Musik?" Tober bejahte und Björn meinte lapidar: „Ich warte schon ein Leben lang auf dich. Komm, lass' uns gehen, die Musik wartet!" Und so kam es, dass Tober in die Welt des Musizierens eingeführt wurde. Wann immer er die Lust in sich verspürte, sich der Musik hinzugeben, erschien Björn Gutklang und entführte ihn in die Welt der Töne und Klänge. Eines Tages sass im Keller, in dem Tober als Sänger zusammen mit anderen Musikern musizierte, eine attraktive Frau. Sie sass einfach da, beobachtete und blinzelte Tober zu. Sein Blut geriet in Wallung und er spürte, dass es neben Musizieren, Lesen und Schreiben noch andere Spielfelder und Welten gab. Diese Frau zog ihn wie ein Magnet an und er folgte ihr nach der Probe unaufgefordert bis zu ihrem Zuhause. „Magst du eintreten? Ich heisse Sally Love, lass' dich gehen und komm." Tober war überwältigt vom Strudel seiner Gefühle. Er spürte Begierde und später auch Eifersucht und Schmerz, und trotzdem rief er von diesem Moment an immer wieder nach Sally Love, die sich meistens nicht zierte und sich mit verschiedensten Gesichtern und in verschiedensten Körpern zeigte.

Tober pendelte fortan fleissig zwischen den neu erschlossenen Welten hin und her. Lasar Schreiber, Björn Gutklang und Sally Love tauchten auf und verschwanden wieder, manchmal erschienen sie sogar zusammen und Tober konnte sich kaum entscheiden, welcher Sehnsucht er folgen sollte. Es begann in ihm ein Prozess der inneren Zerrissenheit, noch nicht deutlich spürbar, aber wie eine Kraft, die im Untergrund wirkte. Dieser Zustand verbesserte sich nicht, als Tober Gerhard Strahlemann kennen lernte. Dank dessen Hilfe wurde Tober in die Welt des Theaters, Radios und Fernsehens eingeführt. Ihm gefiel es, im Rampenlicht zu stehen und der Applaus wärmte seine Seele. Er fühlte sich gesehen und genoss es, in der Öffentlichkeit anerkannt zu werden. Die Arbeit an sich machte ihm aber nur bedingt Freude. Er empfand die Wiederholung der Abläufe schnell als langweilig. Seine Lust am Entdecken anderer Königreiche wurde mit glamourösen Auftritten nicht gestillt. Der Applaus entwickelte sich für ihn zu einer Sucht, die kurzfristig das Paradies versprach, aber nach kurzer Zeit in sich zusammenfiel und eine dumpfe Leere hinterliess. In solchen Momenten suchte er Trost bei Sally Love, ohne aber die erlösende Erfüllung zu finden. Irgendetwas fehlte.

Der Sinn seines alltäglichen Tuns offenbarte sich Tober nicht und es gab Momente, da sehnte er sich nach dem Königkreich Urrotanien zurück, im Wissen darum, dass ein Zurückkehren dorthin für ihn nicht mehr möglich war. Zu sehr hatte er sich von seinem Ursprung entfernt, ohne aber das Gefühl zu haben, in neuen Reichen angekommen zu sein. Tober wurde wieder zuversichtlicher, als ihm Ken Vision begegnete. Er war ein anerkannter Lehrer für geistige Königreiche und Tober fühlte sich von der Idee, dem Äusseren den Rücken zu zukehren und sich stattdessen inneren Königreichen hinzugeben, stark angezogen. Er machte sich auf den Weg nach innen und folgte den Lehren und Anweisungen von Ken Vision. Zwischendurch fühlte er sich euphorisiert und glaubte, endlich seine eigene Heimat gefunden zu haben. Aber die Begeisterung hielt nicht lange und er fiel in einen tiefen dunklen Schlund, in dem er keine Orientierung fand. Er rief noch immer nach Sally Love, Lasar Schreiber, Björn Gutklang, Gerhard Strahlemann und Ken Vision. Aber der Glanz all dieser Welten verblasste und Tobers Zerrissenheit wuchs und zeigte sich nun deutlich. Er war oft niedergeschlagen, fühlte Druck auf seiner Brust und hatte vermehrt Angst, sterben zu müssen. Sein Zustand verschlechterte sich, auch Freunde konnten ihm nicht wirklich helfen. Er war sich seiner Situation jedoch bewusst und realisierte an einem Abend, als der Mond die Landschaft in ein blasses Licht tauchte, dass er etwas ändern wollte. Ihm wurde klar, dass er auch nach seinem Weggang aus Urrotanien, sein Leben nicht gelebt hatte. Es waren stets Welten, die von anderen geschaffen worden waren, in denen er zwar willkommen war, nicht als Gestalter, sondern als Gast. Und plötzlich wusste er was ihm fehlte. Aus seinem Inneren erhob sich eine Gestalt, die ihm zurief: „Hier bin ich, schau mich an, ich warte schon ein Leben lang auf dich, ich heisse Tober." Überwältigt von der Kraft und Wärme dieser Stimme, die seinen Körper zum Beben brachte, sank er auf den Boden, weinte Tränen des Frühlings und schwemmte den Winter aus seiner Seele. Wie aus einem Vulkan schoss ein Feuerstrahl in den Himmel, machte die Nacht zum Tag und Lavaströme ergossen sich in das Meer des Werdens, erstarrten zu festem fruchtbaren Untergrund und schufen ein neues Königreich. Ein Königreich, das nur Tober gehörte, das seine eigene Schöpfung war, neben dem alle anderen Reiche ihren Platz behalten durften, aber Tober war endlich angekommen in seiner Heimat, in seinem Königreich in Toberstan.

Erkenntnis des Tages
Toberstan wartet, auch wenn ich noch nicht genau weiss, wie ich dieses, mein Reich, schöpfen kann. Es wird schon werden, wenn ich der Seele Raum gebe, sich entfalten zu dürfen.

Sonntag, 6.Februar

Haiku
In meiner Wohnung
Tochter, Spaghetti und ich
So mag ich es gern

Musik
Golden Stars: Egal wann ...

Sich verbinden
Heute war ich zuhause, bei mir, in meiner Wohnung und verbrachte Zeit mit meiner Tochter. Obwohl mir das Zusammensein sehr gefiel, war ich innerlich unruhig, vielleicht im Wissen darum, dass meine Zeit im geschützten Klinikrahmen langsam zu Ende geht und ich wieder alleine zurechtkommen muss. Ich spürte den ganzen Tag Druck in der Herzgegend und es war mir latent unwohl. Ich kam mit meiner Tochter auf das Thema Angst zu sprechen. Sie kennt dieses Gefühl auch und hatte vor zwei Jahren ebenfalls Panikattacken, dies aus verschiedenen nachvollziehbaren Gründen. Mich hat es sehr berührt, dass sie mir von ihren Erfahrungen erzählen und mir wertvolle Tipps geben konnte. Sie meinte, sie hätte eine gewisse Zeit jeweils Angst gehabt, in die Ferien zu verreisen, da sie, wenn die Angst sich zeigte, lieber im vertrauten Umfeld zuhause gewesen wäre. Dann kam sie aber zur Einsicht, dass es eigentlich keine Rolle spielt, ob sich die Angst an einem Ferienort oder zuhause zeigt. Sie wollte sich die Ferien dadurch nicht vermiesen lassen und beschloss, den Fokus auf das Geniessen zu legen. Das gelang ihr offenbar. Diese Erfahrung einer Vierzehnjährigen hat mich aufgewühlt und ich dachte, wie wunderbar ist es, wenn man sich einfach zeigen und zu seinen innersten Gefühlen und Emotionen stehen darf und damit auch für andere zu einem

leuchtenden Beispiel wird. Dieser Austausch mit meiner Tochter verdeutlichte mir, wie wichtig es für mich ist, mich zu offenbaren und mich mit anderen Menschen zu verbinden, zu vernetzen und auszutauschen. Erst dann sehe ich, dass ich mit meinen teilweise bedrohlichen Gefühlen nicht alleine bin. Auch andere Menschen leiden unter Ängsten, Depressionen und düsteren Emotionen. Das Wechselspiel zwischen sich zeigen und zuhören öffnet einen Raum, in dem die eigenen Emotionen kleiner werden und das Düstere sich aufhellen kann.

Dieselben Erfahrungen mache ich auch mit meiner Partnerin und mir nahestehenden Freunden. Im Austausch verliert das Angstvolle das Krankhafte und bekommt einen neuen Platz in meinem Menschsein. In meiner Offenheit lade ich das Gegenüber dazu ein, seine Erfahrungen mit mir zu teilen und das ist die Grundlage, dem Urmenschlichen authentisch zu begegnen. Nicht dass ich meine Ängste deswegen „supertoll" finde, ganz im Gegenteil, aber sie werden besser in mein Wesen integriert. Mich mit meinen Mitmenschen zu verbinden, sei es hier in der Klinik, wo die Themen offensichtlicher sind, als in der „freien Wildbahn", oder in meinem engen Familien- und Freundeskreis, ist für mich unterdessen sehr wichtig geworden. Ich habe dieses mich nach aussen Öffnen bisher meistens vermieden und will dies ändern. Meine Tochter hat viel dazu beigetragen, dass ich diesbezüglich etwas kapiert habe. Und ich finde es einfach schön, dass ich unabhängig von Alter, Herkunft und sozialem Hintergrund in der Vernetzung, im mich mit anderen verbinden und einfach nur lernen kann.

Erkenntnis des Tages

Ich darf mich öffnen und mich den Menschen zeigen. Damit öffne ich auch den Raum, dass das Gegenüber sich zeigen darf und somit wächst der innere Erfahrungsraum und die negativen Emotionen scheinen kleiner, weil es mehr Raum gibt.

Montag, 7. Februar

Haiku
Schatten vertreiben
Mich dem Frühling zuwenden
Zartes Erwachen

Musik
Jean Sibelius: 6 Impromptus op. 5, Nr. 5

Zartes Erwachen
Wo will meine Seele hin? Diese Frage beschäftigt mich in den letzten Tagen sehr und überfordert mich manchmal. Ich fühle mich eingespannt in den Dingen, die ich, so meine ich, zu erfüllen habe. Und so dreht sich meine Gedankenwelt häufig um das Erfüllen meiner selbst auferlegten Pflichten und weniger um die Bedürfnisse meiner Seele. Ich fühle mich im Umgang mit meinen Seelenwünschen wie ein kleines Kind, das nicht richtig weiss, wie es damit umgehen soll. Obwohl gerade dieses Bild bestimmt falsch ist. Denn das kleine Kind weiss wahrscheinlich, was der Seele gut tut und hat sich erst mit der Zeit mit den verschiedenen Konditionierungen der Umwelt davon entfernt. Weiter gilt es, dieses Wissen zu reaktivieren und dabei fühle ich mich äusserst ungelenk. Probierte ich während Jahrzehnten mit meinem Kopf an dieses Wissen heranzukommen, ohne dass es mir gelungen wäre, die dabei entstandenen seelischen Windböen in meinen Körper zu lenken, so versuche ich mich heute in kleinen Schritten von meiner kopflastigen Herangehensweise zu lösen und meinen Körper, meine Intuition oder eben meine Seele sprechen zu lassen. Das fällt mir schwer, da meine inneren Referenzwerte verschüttet scheinen, und so weiss ich nicht, wie sich meine innere Stimme anhört. Dies hängt aber wahrscheinlich damit zusammen, dass mein Verstand irgendwelche Erwartungen

schürt, die der Seelensprache nicht entsprechen. Das heisst, ich brauche einen Dolmetscher, der mir die Seelensprache in die Verstandessprache übersetzt. Da ich davon ausgehe, dass es sich dabei um eine nonverbale Sprache handelt, will ich meinem Verstand vorübergehend Pause geben, damit sich eine andere Stimme mit ihrer Sprache zeigen kann und ich sie über meinen Körper wahrnehmen darf. Es kommt mir so vor, als stünde ich zum ersten Mal auf einer Slackline, diesem unstabilen Gummiband, welches zwischen zwei feste Gegenstände gespannt wird. Ich kann mich kaum darauf halten und muss immer wieder auf den festen Untergrund zurück. So verhält es sich mit meiner inneren Stimme, die die Slackline verkörpert und mein fester Untergrund ist der Verstand. Um mich länger auf dem Gummiband halten zu können, braucht es einfach Übung. Und so werde ich nicht aufhören, auf meinem „Seelengummibband" zu trainieren, bis ich ein Gespür dafür entwickle und die Sprache meiner inneren Stimme verstehen kann. Noch ist die Balance zwischen Verstand und Seele sehr unausgewogen. Das Abwägen von Pflichten, eingefleischten Gewohnheiten, möglichen Schwierigkeiten, die auftauchen könnten und einer gewissen Bewegungsstarre, wiegt schwer und ich kann mich kaum davon lösen. Und doch merke ich, dass es kleine Risse in meinem Grund gibt, durch die sich etwas Feines nach oben ins Licht bewegt. Das Pflänzlein Seele lebt und sucht nach Wachstum. Bin ich mit der Absicht in die Klinik gekommen, mit meinen Ängsten umzugehen und sie möglichst zu verkleinern, so hat sich inzwischen meine Ausrichtung geändert. Es geht noch immer um die Angst, aber nicht nur, es geht unterdessen vor allem auch darum, meiner Seele Raum zu geben und ihrer Sehnsucht zu folgen. Meine Angst, nicht wahrgenommen zu werden, hängt zu einem grossen Teil damit zusammen, dass ich mich selbst nicht wahrnehme. Und so will ich dem zarten Erwachen meiner Seele meine ganze Aufmerksamkeit schenken, damit ich ganz werden kann. Ich habe vor zwanzig Jahren ein Gedicht geschrieben, in dem es genau um dieses zarte Erwachen geht. Heute erschüttert es mich, dass ich scheinbar schon damals und wahrscheinlich noch früher diesen Wunsch in mir verspürte und trotzdem nicht in der Lage war, ihm Folge zu leisten.

Zartes Erwachen

Die schwarze Nacht umgarnte mein Herz,
im Dunkeln verdrängt' ich den Schmerz.
Verloren in unendlichen Weiten,
vergass ich den Lauf der Gezeiten.

Die Pforte zum Himmel verschlossen,
triebhaft gehetzt, unverdrossen
und doch auf dem Weg zur Brücke,
auf dass die Vision mir glücke.

Am Horizont der neue Morgen,
weggewischt die alten Sorgen;
meine Seele beginnt zu schwingen,
höre Engel aus der Ferne singen.

Zuversicht, den Schritt zu wagen,
vorwärts gehen, nicht verzagen,
bin verzaubert, bin bei mir,
mag mich und dich, ohne Gier.

Will dir und mir Vertrauen schenken,
mich vom Gefühl der Liebe lenken,
jeder für sich und doch verbunden,
zartes Erwachen, heilende Wunden.

Und nun beginnt es, mein zartes Erwachen.

145

Erkenntnis des Tages

Ich möchte wieder träumen von Dingen, die in mir eine Wohligkeit auslösen. Es geht gar nicht darum, was es zu machen gibt, sondern vielmehr, welche Gefühle wodurch ausgelöst werden. Dies möchte ich für mich entdecken, so wie ich das als Jugendlicher gerne gemacht habe.

Dienstag, 8. Februar

Haiku
Sind Gedanken frei?
Wie kann ich sie vertreiben?
Kopflos liebevoll

Musik
Die Toten Hosen: Ertrinken

Die Gedanken sind frei
Sind sie das wirklich? Manchmal bezweifle ich das. Sie kommen und gehen, oder kommen und bleiben, auch wenn ich das nicht will. Bleiben sie aus eigenen Stücken, haben sie Widerhaken, die sich in meine Hirnwinden bohren, oder bin ich es, der ein Netz auswirft, das die Gedanken gefangen hält? In einem alten deutschen Volkslied heisst es:

Die Gedanken sind frei,
wer kann sie erraten,
sie fliehen vorbei
wie nächtliche Schatten.

Und später im Text:

Ich denke, was ich will,
und was mich beglücket.

Ich verspüre manchmal die Lust in mir, nicht zu denken und stelle immer wieder fest, dass *es* einfach weiterdenkt und ich von meinen Gedanken überflutet werde. In meinem Kopf ist häufig Hochbetrieb. Es ist, als ob ich eine kleine Veranstaltung für ein paar wenige Gäste geplant hätte und überraschenderweise erscheinen ein paar hundert. Ich bin überfordert und habe zu wenig Platz in meinem kleinen Kopfkino, das nicht für Massenveranstaltungen konzipiert ist. Und nun beginnt das Dilemma, ich kann meinen Gedanken nicht klar machen, dass ich zu wenig Raum habe, um sie alle zusammen zu bewirten. Sie hören mir aber nicht zu und balgen sich auf kleinstem Raum um die vordersten Plätze in meinem Kopf. Sollte es stimmen, dass die Gedanken frei sind, dann hätten sie kaum den Drang zu bleiben. Das bedeutet, dass ich es bin, der sie nicht gehen lässt. Scheinbar habe ich mich zum Gedankenfänger entwickelt, der die freien Gedanken zu domestizieren versucht, dazu aber nicht über das geeignete Gehege verfügt. Kurzum, mein Hirn ist kein Zoo, in dem exotische Gedankentiere eingesperrt werden können. Oder ist alles ganz anders? Sind die Gedanken so frei, dass sie beschliessen können, Hey, schaut mal diesen Kopf da, der sieht doch ganz kuschelig aus, lasst uns hier bleiben. Gesagt getan, die Party kann beginnen … Daran mag ich nicht glauben. Wie auch immer, Tatsache ist, dass meine Gedanken zeitweise invasionsartig durch meinen Kopf ziehen und häufig auch hängen bleiben, was mich innerlich nervös und unruhig macht.

Ich lese zurzeit den Roman „Im Saal von Alastalo" des finnischen Autors Volter Kilpi aus dem Jahr 1933. Im über 1000 Seiten starken Buch lädt der Gutsherr Alastalo die wichtigsten Männer der Schärengemeinde ein, um sie vom gemeinsamen Bau einer Dreimastbark, einem Schiffstyp, zu überzeugen. Während mit Hingabe Pfeife geraucht und Grog getrunken wird, umkreisen die unterschiedlichen Lager einander listig in dem Versuch, die eigenen Interessen durchzusetzen. Die Geschichte spielt sich an einem einzigen Nachmittag ab und ist ein sprachliches Monument. Einer der Gäste, Langholma, sinniert dabei über die Eigenschaften seiner Gedanken, eine

Passage, die mich sehr anspricht und die ich auch auf mich übertragen kann:

Langholma fuhr aus seinen Gedanken hoch und musste bei sich verstohlen schmunzeln, als er im Nachhinein bemerkte, was für ein Gestöber er wieder mal in seinen Gedanken gehabt hatte. Eigentümlich, dieses Flügelgestell des Denkens, es muss rauschen und so tun, als schnappte es nach Luft, auch wenn es nur auf einem morschen Stumpf sitzt, und selbst dann, wenn es nichts anderes zu tun hat, als vor süsser Müssigkeit sein Gefieder auszuschütteln ... Der Gedanke im Blut ist des Menschen gefährlichster Körperteil, und mit knirschenden Zähnen muss man die Trense halten, damit das Fohlen nicht mit der ganzen Fuhre durchgeht ... Langholma schmunzelte ein weiteres Mal bei und über sich: Was ist das für ein Fohlenstall im Geist des Menschen, und was schüttelt da nicht alles hinter dem Riegel im Gatter die Mähne! Auch ich bin ein Mächtiger unter den Männern, von der Art meiner Augen und den straffen Mundwinkeln her, und in gewisser Weise bin ich ein Pflock, und die Dinge liegen bei mir sicher wie hinter einem Riegel, aber wo sie dann trotzdem überall umherwuseln, die Gedanken! ... Der Mensch hat nun einmal Schmiss im Blut und unnötig Galopp unterm Haar, wenn sogar ich wie ein angespanntes Fohlen und wie ein Dreijähriger im Geschirr bin!, erging sich Langholma innerlich.

Grossartig die Sprachbilder, die Kilpi zeichnet. Es wuselt auch in meinem Kopf und ich habe meine Fohlen häufig nicht im Griff. Deshalb noch einmal die Frage, sind die Gedanken frei? Oder sollte ich die Frage umformulieren und sie so stellen: Bin ich frei, um meine Gedanken ziehen zu lassen? Wenn meine Gedanken sich in mir niederlassen, sollte ich sie dann kontrollieren, an die kurze Leine nehmen oder ist es sinnvoller, meinen Kopf „auf Durchzug" zu stellen und sie einfach vorüberziehen zu lassen? Ich merke, dass wenn alle Gedanken ungefiltert in mir ihr Unwesen treiben, sich mein Körper dagegen auflehnt und somatisch reagiert. Gewisse Gedanken tun mir aber gut und diese würde ich gerne bei mir behalten. Das bedeutet für mich, dass ich eine Eingangskontrolle errichte, die sekundenschnell eine Triage durchführt. Die für mich überflüssigen und schädlichen Gedanken werden sofort wieder hinaus gelassen und die wertvollen kommen in meinen Destillationsbereich. Ich erhitze die verbliebenen Gedanken zum Siedepunkt, lasse die Essenz, das Destillat in meine Seele tröpfeln und den überflüssigen Gedankendampf austreten. Mit dieser Vorstellung kann ich ganz gut leben – meine Gedankenwelt als Destillerie. Ich lasse mir und meinen Gedanken eine gewisse Freiheit, so gut es geht, und versuche selber zu entscheiden, was ich mit meinen Gedanken anfange und wie ich sie verwerte. Und so kann ich schliesslich sagen: Die Gedanken sind frei und ich auch.

Erkenntnis des Tages
Frei von Gedanken bin ich nicht, aber ich kann sie in Regionen lenken, wo sie ein gutes Gefühl in mir auslösen.

Mittwoch, 9. Februar

Haiku
Heute weiss ich nichts
Heilsame Ruhe im Kopf
Leere erfüllt mich

Musik
Patent Ochsner: Dr Zug (fahrt us dr Stadt)

Ich weiss nicht
Ich begebe mich morgens jeweils auf einen kleinen Rundgang, um den neuen Tag zu begrüssen. Meistens fällt mir dabei ein Thema ein, über das ich nachdenken und nachfühlen möchte und das sich in einem Text niederschlägt. Heute kam diese Inspiration nicht, ich fühlte mich einfach wohl, offen und auf wohltuende Weise leer. Mir wurde bewusst, heute weiss ich nicht, worüber ich schreiben könnte, ich möchte mich jetzt einfach in den Tag hinein treiben lassen. Und dann kam er trotzdem, der Impuls, über das „Ich weiss nicht" zu schreiben. Wie fühlt sich das an, wenn ich nicht weiss? Ich habe den Eindruck, dass das, was ich zu glauben weiss, noch immer da ist, aber nicht vordergründig in meinem Kopf, sondern irgendwo in meinem Körper, so ähnlich, wie wenn ich auf meinem Mobiltelefon eine App auslagere, um mehr Speicherplatz zu erhalten. Die Dokumente werden dabei nicht gelöscht, nur verschoben, und in der Cloud zwischengelagert. Was für mich aber noch viel wichtiger ist, mein Wissen ist häufig nicht so stichfest. Oft ist es eben, wie eingangs erwähnt, ein Scheinwissen, ein Glauben zu wissen und somit ausserordentlich subjektiv gefärbt. Dieses Scheinwissen existiert in mir zu vielen verschiedenen Themen und zimmert mir meine Vorstellung von den Dingen zu einer Scheinwahrheit. Wenn ich von mir sagen kann, „ich weiss

nicht", lasse ich den Dingen viel mehr Raum, sich zu zeigen, ohne dass ich den Anspruch habe, dass sich daraus ein Wissen bildet. Vielleicht ist es eher so, dass ich in der Wahrnehmung verweilen kann und mich davon wieder löse, ohne der Illusion zu erliegen, mir ein Wissen angeeignet habe, das letztlich eben individuell subjektiv ist und meinen inneren Vorstellungsraum langsam und stetig mit diesen künstlich geschaffenen Modellen verstellt. Mit meinem Scheinwissen nehme ich mir die Möglichkeit, überrascht zu werden, da meine gespeicherten Modelle als Referenz dienen, die ich als Vergleichswert heranziehe. Somit leiste ich dem Schubladendenken Vorschub und nähre meine Besserwissernatur. Kognitives Wissen bedeutet immer, etwas einzuordnen, sich ein präzises Bild von etwas zu machen. Bei alltäglichen Dingen macht das durchaus Sinn. Es hilft, wenn ich in etwa weiss, was ich von einem Aprikosenjoghurt zu erwarten habe, auch wenn die Machart und das Geschmackserlebnis sehr unterschiedlich sein können. Aber das Joghurt werde ich definitiv nicht mit einem Hartkäse verwechseln. Meine inneren Referenzen sind da hilfreich. Aber bei vielen anderen Dingen, habe ich kaum die Möglichkeit, mein vermutetes Wissen zu verifizieren oder zu falsifizieren, es bleibt also ein Scheinwissen, das mir unter dem Strich wenig nützt.

Ich empfand es heute Morgen wohltuend, *nicht zu wissen* und zu realisieren, dass sich andere Körperregionen melden und ich das Gefühl hatte, ich sei ein gereinigter Kanal, durch den die momentanen Eindrücke fliessen können, ohne dass sie von selbst gebastelten Modellen behindert werden. Ich fühlte mich leicht und beschwingt, ein Zustand, den ich so normalerweise nicht auf diese Art empfinde. Das Thema scheint hier wieder „das Raum geben" zu sein. Mehr Raum bedeutet weniger Angst, weniger vorgefertigte Schubladen, weniger angestautes Scheinwissen und damit mehr von dem, was gerade ist. Und ich vermute, dass mein Körper und meine Seele mit dem, was sich in der Präsenz zeigt, so umgehen können, dass daraus ein unausgesprochenes Wissen entsteht, welches keine Modelle braucht. Ein Wissen, das sich permanent verändert, weil nichts absolut *ist*. Diese Behauptung mag auch wieder ein Scheinwissen sein, weil ich die Richtigkeit dieser Äusserung nicht beweisen kann. Andererseits merke ich aber, dass ich nicht kopflastig nach dieser Behauptung gesucht habe, sie ist mir irgendwie zugeflogen und fühlt sich richtig an, jetzt, genau für diesen Moment, ohne dass ich es wirklich weiss. Ich möchte in Zukunft mich weniger von meinem Scheinwissen leiten lassen und mich vermehrt dem, was gerade ist hingeben, ohne dem Drang nach Einordnung nachzugeben. Ich verspreche mir davon mehr Freiheit und inneren Frieden. Ich gönne mir Momente des Nichtwissens.

Erkenntnis des Tages
Dem Kopf Pause gönnen ist befreiend für mich. *Nicht wissen zu dürfen* tut einfach gut.

Donnerstag, 10. Februar

Haiku
Welt im Konjunktiv
Ich würde, wenn und aber
Schluss, ich will das nicht

Musik
Brand X: Disco Suicide

Ich bin genervt
Genau so ist es, ich bin genervt, obwohl ich gleichzeitig auch Dankbarkeit spüre. Der Reihe nach: Ich empfinde es als ein Privileg, dass ich mir die Zeit nehmen darf, mich um mich und meine Gefühle zu kümmern. Dass das System dies möglich macht, ist nicht selbstverständlich. Mein Arbeitgeber zeigt viel Verständnis für meine Situation, die Versicherungen übernehmen meinen Aufenthalt in der Klinik und mein Lohn wird weiter gezahlt. Das System funktioniert grossartig. Gleichzeitig bin ich genau wegen dieses Systems aber auch genervt. Ich hatte gestern einen Termin beim internen Sozialberater, der mir aufzeigte, wie es nach meinem Austritt weitergehen könnte. Mein Anliegen war es, eine Beratung von einem Fachmann zu erhalten bezüglich der Gestaltung der nächsten drei Jahre bis zum offiziellen Pensionierungstermin. Wie sieht es aus mit meiner finanziellen Altersvorsorge? Was tue ich, wenn ich mich nicht in der Lage fühle, wieder in meinen Job einzusteigen, welche Szenarien sind möglich? Der Fachmann zeichnete mir mit flinkem Stift auf, welche Aufgabenbereiche die verschiedenen Versicherungen wahrnehmen und was allenfalls ihre Anliegen sind. Da sind die Krankentaggeldversicherung, die Invalidenversicherung, die Krankenkasse, die Arbeitslosenkasse, die AHV und die Altersvorsorge der dritten Säule, die Pensionskasse, die Ärzte,

155

die den Arbeitsfähigkeitsgrad konstatieren, der Arbeitgeber und ich selber. Das ist einerseits positiv, dass sich so viele verschiedene Institutionen um meine Gesundheit und Wiedereingliederung kümmern. Auf der anderen Seite, hat mich die Flut der Informationen, die praktisch keinen Beratungsgehalt hatte, schier erschlagen. Wie, wer, was tun kann oder auch nicht, dazu brauche ich keine Beratung; diese Infos kann ich mir auch im Internet ansehen und was mich dann in dieses Gefühl des Genervtseins getrieben hat, war der Umstand, dass nichts Konkretes gesagt wurde. Alles war in der Schwebe, im Konjunktiv. Dies tönte in etwa so:

Die Krankentaggeld Versicherung zahle grundsätzlich zwei Jahre, aber es komme darauf an, wie der Arzt mich krankschreibe und ob die Invalidenkasse, bei der man sich möglichst schnell anmelden sollte, ohne dass dann sofort über eine mögliche Berentung entschieden werde und ob ich die Beurteilung des Arztes akzeptiere oder ein eigenes Gutachten erstellen möchte. Möglich wäre allenfalls auch, dass man gekündigt werde oder selber kündige und dann die Arbeitslosenkasse zahlen würde und ob diese dann verlangen würde, einen weniger belastenden Job anzunehmen, oder ob eine Umschulung geplant würde, was aber in meinem Alter eher unwahrscheinlich sei, was wiederum aber auf den Sachbearbeiter ankomme. Hinzu kommt, ob die Pensionskasse mich weiter behalten würde, auch wenn ich nicht mehr bei meinem jetzigen Arbeitgeber arbeiten würde oder sie das Pensionsgeld auf ein Freizügigkeitskonto überweisen würde, was wiederum bedeuten könnte, dass ich mir keine monatliche Altersrente auszahlen könnte, sondern das Geld als Gesamtsumme verwalten müsste. Ob es Sinn machen würde, mein Kapital von der dritten Säule in die Pensionskasse einzuzahlen sei fraglich. Jeder Finanzberater würde wahrscheinlich etwas anderes vorschlagen. Man müsse da sehr vorsichtig sein, weil gerade auch „unabhängige"

Finanzberater häufig eine Versicherung oder eine Bank im Rücken hätten, bei denen sie Provisionen garnieren würden. Hätte, vielleicht, würde, eventuell, möglicherweise, wenn dann, aber, könnte sein – vielen Dank für die tolle Beratung!

Ich verliess nach einer Stunde völlig genervt den Raum und träumte in der Nacht sogar noch von all den Kassen und Möglichkeiten. Mir wurde in diesem Augenblick klar, dass das System, welches mich zur Zeit unterstützt, trotz allem ein Irrsinn ist. Es kam mir vor, als würde ein Tintenfisch mit unzähligen Tentakeln nach mir greifen. Das Zusammenspiel dieser Tentakel zu verstehen ist in der Theorie durchaus möglich und lässt sich schematisch gut darstellen, aber in der Praxis wirkt alles willkürlich, es ist ein Ringen und Würgen, ein sich rechtfertigen müssen, ein Abwägen und Taktieren und darauf habe ich schlicht keine Lust. Ich habe für mich beschlossen, ich lasse alles auf mich zukommen und lenke meine Energie in meinen Seelenbereich, auch in dieser für mich momentan verzwickten Situation, egal welche Kasse letztlich zahlt oder auch nicht. Ich kehre dem Tintenfisch den Rücken und lasse mich von meinen Sehnsüchten, meinen Herzenswünschen lenken, im Vertrauen, dass sich Türen öffnen werden. Ich möchte mich diesem Irrsinn nicht mehr weiter aussetzen.

In unserer Gesellschaft arbeiten wir zunehmend am Limit und nehmen in Kauf, dass die Menschen dem Druck nicht mehr gewachsen sind. Anstatt die Arbeitsverhältnisse den Arbeitenden anzupassen, weniger Arbeit auf mehr Menschen zu verteilen, schaffen wir ein System, das ein Netz spannt, in das diejenigen, die unter dem Druck einbrechen, gehalten werden. Sie werden auf Kosten der Versicherungen, die von der Gesellschaft bezahlt werden, aufgepäppelt, damit sie danach sukzessive zurück in das System, das sie krank gemacht hat, zurückgeführt werden können. Dies ist für mich paradox. Und so bin gleichzeitig dankbar und auch genervt. Ich will diesem System nicht mehr bedingungslos dienen, dies ist mir klar geworden.

Erkenntnis des Tages
Ich möchte unabhängiger werden, mehr auf mich hören und das, was ich tue, nicht mehr primär von äusseren Rahmen abhängig machen.

Freitag, 11. Februar

Haiku
Ja, ich tauche auf
Mit meinem inneren Team
Ein-sam und all-ein

Musik
Bob Dylan: Shelter from the storm

Begegnung mit mir
Nachdem ich mich gestern genervt hatte, zeigte sich meine Laune heute völlig konträr. Ich war am Morgen unterwegs am Rhein, die Sonne schien, Vogelschwärme zogen lauthals an mir vorbei und ich erlebte mich in aufgeräumter Stimmung. Während ich, ohne zu hetzen, achtsam und bewusst meine Füsse auf den Boden setzte, versuchte ich in mich hineinzuhorchen und zu erspüren, wo es mich hinzog. Sehr schnell stieg ein inneres Bild in mir auf, das sich mir in letzter Zeit oft zeigt. Ich sehe eine währschafte Holzhütte mit einer grossen Veranda an einem Waldrand nahe einem Fluss. Diese Vorstellung zieht mich magisch an und ich habe das Gefühl, mit der Umgebung zu verschmelzen. Ein wohliges Kribbeln steigt in mir auf und ich spüre einen warmen Energiestrom durch mich hindurchfliessen. Ich gab mich diesem Bild und dem damit verbundenen Gefühl hin, pendelte zwischen meiner Innenwelt und den äusseren Eindrücken. Es gelang mir, meine Gedanken vorbeiziehen zu lassen und das Denken zu reduzieren. Und plötzlich wechselte die Umgebung in meinem inneren Bild und ich befand mich in den Wäldern in der Region von Woodland Park in Colorado, wo sich die Geschichten von Mary Summer Rain abspielen. Die Autorin beschreibt, wie sie von einer indianischen Schamanin unterrichtet wird. Im dritten Band „Weltenwanderer"

159

begegnet ihr ein weiterer Lehrer mit dem Namen Manyheart. Ich las das Buch vor dreissig Jahren und vor allem die Figur Manyheart löste in mir einen grossen Sog aus. Dieser eher ruhige Indianer, der über viel Wissen verfügt, hat mich seither stets in meinem Inneren begleitet, mal mehr, mal weniger. Ich habe in den letzten Jahren den Zugang zu ihm etwas verloren. Und heute, auf meinem Spaziergang, erschien er wieder in aller Deutlichkeit in mir. Der Ort ist jeweils eine Wiese mit einem plätschernden Bächlein, umgeben von Wäldern. Die Gegend kenne ich von einer Reise, die einst durch eine solche Gegend führte. Ganz besonders sind die Lichtverhältnisse dort, liegt Woodland Park doch auf über 2500 Meter Höhe, was dem Licht eine Klarheit gibt, die etwas Zauberhaftes in sich birgt. Manyheart zeigt sich mir jeweils am Waldrand an einen Baum gelehnt, so auch heute. Doch dieses Mal kam alles ganz anders als sonst.

Auf einmal trat Manyheart aus dem Schatten der Bäume hervor und verwandelte sich in den kleinen Thomas, der bis anhin häufig verloren wirkte und der sich in seiner Kindheit nicht wahrgenommen gefühlt hatte. Und dieser kleine Thomas wuchs und nahm die Stelle von Manyheart ein, in derselben Pose und Haltung wie der grosse weise Indianer. Manyheart wurde zu Thomas und umgekehrt. Mir lief ein Schauer durch den ganzen Körper und ich war nahe am Weinen. Da stand er, Manyheart alias Thomas, lächelte, und gab mir zu verstehen, dass ich nicht nach anderen Lehrern suchen müsse, ich hätte schon längst alle Lehrer in mir. Und plötzlich tauchten aus dem undurchsichtigen Waldrand hunderte von Menschen auf, Menschen, die mit mir zu tun haben, Menschen aus meinem täglichen Leben, Menschen, die längst schon gestorben sind, Menschen, die mir in der Literatur begegnet sind und auch Menschen, die ich nur flüchtig kenne. Sie alle standen da, im Halbrund hinter Manyheart. Ohne zu sprechen machte er mir

160

klar, dass jeder Einzelne, dem ich in meinem Leben begegnet bin, sei es real oder fiktiv, mir als Spiegel gedient hat und mich, jeder auf seine Weise, unterrichtet und zu dem gemacht hat, der ich heute bin. Ich bin die Summe meiner Begegnungen.

Dieses Gefühl überwältigte mich und es gelingt mir momentan jederzeit, das Bild mit dem dazugehörenden Gefühl abzurufen. Wenn ich mich innerlich an diesen Ort in den bergigen Wäldern von Woodland Park beame, tauche ich in meine Seelenheimat ein, die nicht statisch ist, sondern sich permanent verändert. Es ist, als ob der kleine Thomas in Manyheart und der dazugehörenden Umgebung seinen Ursprung erkannt hat und sich zu dem wandeln durfte, der sich vertrauensvoll zeigen darf und mit mir viel Neues entdecken möchte. Es berührt mich tief, dass gerade mein vermeintlich ungesehener Teil die Rolle des weisen Lehrers übernimmt um mich nun seinerseits an die Hand zu nehmen, um mich durch mir unbekanntes Land zu führen. Auf meinem Morgenspaziergang begegnete ich mir selber, eine Begegnung der besonderen Art, die ein Meilenstein in meinem Sein darstellt. Wir sind unterwegs.

Erkenntnis des Tages
Ich vertraue auf mich, es ist alles in mir angelegt, mein Selbstvertrauen darf sich entwickeln.

Samstag, 12. Februar

Haiku
In der Zwischenwelt
Nicht mehr ganz hier, noch nicht dort
Brückenangebot?

Musik
Peter Gabriel: Handauflegen

Zwischenwelt
Der heutige Tag präsentiert sich kantig. Ich gehe heute Nachmittag nach Hause und werde zum ersten Mal nach über fünf Wochen wieder im eigenen Bett schlafen und zuhause aufwachen. Das ist für mich okay, ich verspüre aber weder besondere Freude noch überhöhte Nervosität. Und dennoch steht dieses Wochenende als Symbol der Pforte, die von der Klinik in mein privates Umfeld zurück führt. Mit dem ersten Mal zuhause schlafen wird quasi die Übergangzeit eingeläutet. Eine Zeit, in der hier in Rheinfelden alles zum letzten Mal passiert und das Zuhause seine Arme langsam ausstreckt und mich zurückruft. Dieses „nicht mehr richtig hier und dort noch nicht angekommen" zu sein, macht mich zusehends nervös und meine in den letzten Wochen aufgebaute Körperlichkeit verflacht kontinuierlich. Ansatzweise zeigen sich die Symptome, die ich vor meinem Klinikaufenthalt hatte wieder, so zum Beispiel das latente Unwohlsein, die Beschwerden auf der Brust und das Gefühl, ohnmächtig zu werden. Es kommt mir so vor, als hätte ich anfangs Januar ein versehrtes Land verlassen und mich als Verletzter in ein Lazarett geflüchtet, wo ich langsam wieder aufgebaut wurde und nun steht die Rückführung bevor. Ich weiss nicht, ob das Land noch dasselbe sein wird und wie sich ein allfälliges Trümmerfeld anfühlen wird. Ich werde sicher

selber Hand anlegen und die Trümmer wegräumen müssen. Ich bin verunsichert, ob ich über genug Energie dazu verfüge. Es gibt andererseits auch eine Zuversicht in mir, die darauf baut, dass ich in den sechs Wochen so viele Erfahrungen machen durfte und Werkzeuge in die Hand bekam, auf dass das Unterfangen „Wiederaufbau" gelingen könnte.

Aber zurzeit fühle ich mich in einer Zwischenwelt, die Energie stockt, auch wenn ich die Wärme in mir spüre. Was bleibt, wenn ich mich zwischen den Welten gefangen bleibe? Eigentlich nur das Hier und Jetzt. Es geht jetzt nicht um die Klinik und auch nicht um das Zuhause, es geht einfach um das was ist; ob ich diesem Zustand den Namen Zwischenwelt gebe oder Kajusada, oder sonst einen Fantasienamen, ist eigentlich egal. Ich bin gestern mir selber in meiner Innenwelt begegnet, eine Welt die ich immer dabei habe und aus der ich Kraft beziehen will, um die Anforderungen im Aussen zu prästieren. So werde ich die nächsten Tage versuchen, mich im Dazwischen nicht zu verlieren sondern meine Schritte achtsam unter meiner inneren Führung zu gehen. So transformiere ich die Zwischenwelt einfach in reale Welt und bewege mich in ihr, ohne den Blick auf das, was war und das, was wird. Es genügt, dass meine Welt *ist*. Tief atmen und los geht's.

Erkenntnis des Tages
Es ist wichtig für mich, dass ich aufmerksam bleibe und mich nicht überfordere. Alles langsam angehen, das muss das Motto sein.

Sonntag, 13. Februar

Haiku
Schlafen und wachen
Ich wiege mich ins Leben
Mutig und standfest

Musik
Nigel Kennedy & The Kroke Band: Lullaby For Kamila

Rahmen geben
Dieses Thema beschäftigt mich schon Jahrzehnte, hat sich mir aber in der Klinikzeit nochmals neu und mit einer Dringlichkeit gezeigt. Ich habe viel darüber nachgedacht und mich auch auf der emotionalen Ebene diesem Thema angenähert. Mir wurde bewusst, dass ich mich immer dann wohl fühle, wenn mir jemand einen Rahmen vorgibt und ich mich darin mehr oder weniger autonom bewegen kann. Früher war dies mein Elternhaus, später relativ autoritäre Vorgesetzte und solide Beziehungen und nun die Klinik. Es gibt Regeln, an die ich mich gut halten kann und gleichzeitig geniesse ich gewisse Freiheiten. Hier in Rheinfelden kann ich mich in mein Zimmer zurückziehen oder ich spaziere den Rhein entlang. Im Wissen darum, dass ich meine Aktivitäten aus einem für mich sicheren Umfeld heraus starten kann, gibt mir Vertrauen und ein Gefühl von Wärme und Geborgenheit. Ist dieser Rahmen nicht gegeben, so fühle ich mich unsicher und unwohl. Nach über fünf Wochen habe ich gestern zum ersten Mal wieder zuhause übernachtet und war gespannt, wie das wohl sein würde. Ich fühlte mich sehr wohl und vor allem auch zuhause bei mir. Das hat mir gut getan, befürchtete ich doch, dass sich ein leicht beklemmendes Gefühl einstellen könnte – tat es aber nicht. Als ich am Morgen aufstand und ich mich, zurück in der Klinik, auf meinen morgendlichen Spaziergang begab, versuchte ich

165

mich zu erinnern, wie sich solche Spaziergänge angefühlt hatten, als ich zwischen 15 und 20 Jahre alt war und noch beim meinen Eltern wohnte. Ich kann mich erinnern, dass ich es jeweils genoss, mich Tagträumen hinzugeben, sei es, dass ich mich auf der Bühne sah als Schauspieler oder als Moderator beim Radio und Fernsehen. Ich lebte in diesen Vorstellungen und kannte damals noch keine Angstzustände. Mein Grund hielt und der elterliche Rahmen gab mir das Empfinden einer Basis, von wo aus ich starten konnte. Der Rahmen war gegeben, ein Rahmen, für mich nicht in allen Bereichen optimal, aber er war sicherheitsstiftend und gab mir die Freiheit, meinen Träumen, Gedanken und Gefühlen nachzugehen. Auf meinem Spaziergang heute gelang es mir, mich wieder in dieses Gefühl hineinzubegeben und ich spürte dasselbe wie vor 45 Jahren. Ich machte danach den Versuch und verschob das Szenario von damals ins Heute mit der *Homebase* meiner Wohnung. Sofort steigerte sich meine Nervosität und das latente Unwohlsein machte sich bemerkbar. Das erstaunte mich, da das Spazieren, im Zusammenhang mit meinen Tagträumen, sich von denen in meiner Jugend nicht grundlegend verändert hat. Aber eben, der Rahmen ist nicht nur nicht derselbe, ich spüre ihn erst gar nicht. Als ich dies realisierte, entschloss ich mich, etwas auszuprobieren. Ich visualisierte den erwachsenen Thomas, der in der Wohnung Kaffee kocht, den Tisch putzt und sich auf den Besuch seiner Tochter vorbereitet. Der Thomas, der gerade daran ist, den Rahmen zu schaffen, damit er und auch seine Tochter sich wohl fühlen dürfen. Das Bild des Rahmenschaffenden präsentierte sich mir ganz deutlich und umgehend verschwand die Übelkeit und die Nervosität wurde kleiner. Es gelang mir offensichtlich, meinen selbst geschaffenen Rahmen zu spüren und zu erkennen, dass ich Rahmengeber und gleichzeitig auch Nutzniesser dieses Rahmens sein kann, der es mir ermöglicht, mich frei und sicher zu bewegen. Ich bin gerade daran, mich als Gestalter meines Nestes anzuerkennen und dies auch gefühlsmässig aufzusaugen. So wie mir erst kürzlich der kleine Thomas als Manyheart begegnet ist, so sehe ich nun den erwachsenen Thomas, der sein Nest baut und es auch als solches erkennt. Die verschiedenen „Thomanten" wachsen langsam zusammen.

Erkenntnis des Tages

Ich finde es momentan spannend zu erkennen, wie alles ineinander greift. Das körperliche Empfinden, mit dem fliessenden Atem, dem bewussten Gefühl, mit den Füssen auf dem Boden zu stehen, mit den mentalen Vorstellungen und einem zeitweiligen Gehenlassen der Gedanken, gekoppelt mit einer Pause des Verstandes. Dieses Wechselspiel beginnt ganz zart zu greifen und ich will die Zeit nach meinem Klinikaufenthalt dazu nutzen, mit den verschiedenen Puzzleteilen spielerisch umzugehen. Die Gefahr ist beträchtlich, dass ich zuhause in den alten Trott zurückfalle und die neu erworbenen Erkenntnisse und Techniken verloren gehen. Dies will ich vermeiden. Entsprechend viel Aufmerksamkeit will ich dem Zusammenspiel all dessen, was mich ausmacht, schenken.

Montag, 14. Februar

Haiku
Viel Druck im Innern
So komm ins Offene, Freund
Vertrauen, zeig dich

Musik
Ulali_ Mahk Jchi

Komm! ins Offene, Freund!
Dieser Aufruf steht am Anfang der Elegie „Der Gang aufs Land.
An Landauer" von Friedrich Hölderlin, und er begleitet mich
schon seit längerer Zeit, streichelt meine Seele und hat eine
magische Wirkung auf mich. In dieser Knappheit werden so
viele Elemente angesprochen und in Beziehung zu einander
gesetzt, dass dabei eine eigene unermessliche Welt entsteht.
Ohne auf die Hintergründe dieser Elegie einzugehen, versuche
ich diesen Ausspruch in Beziehung zu meiner Welt zu setzen.
Das „Komm" steht als klare Aufforderung, ohne wenn und
aber, kein Konjunktiv, knapp und unmissverständlich. „Ins
Offene" erzeugt in mir das Bild von etwas Grenzenlosem. Es ist
ein Ort, an dem es keine Verstecke gibt, kein Schutz, nur
gnadenloses Sosein, ein Ort einer ungeschminkten Wahrheit,
an den ich kommen soll, so die Aufforderung. Das bedeutet im
Umkehrschluss, dass ich woanders bin, bestimmt aber nicht im
Offenen. Vielleicht bin ich in einem Versteck, irgendwo, wo ich
mich nicht zu erkennen gebe und diesen Ort soll ich verlassen
und ins Offene kommen. Da braucht es Mut und es hört sich
leichtsinnig und gefährlich an. Aber mit dem Zusatz „Freund"
kommt ein Element des Vertrauens hinzu. Ich bin der Freund,
der aufgerufen wird – von wem? Dieses Triumvirat der Worte
wirkt mit einer Kraft, die von den einzelnen Wörtern auf diese
Weise nicht spürbar wäre. Das Zusammenspiel schafft den

169

Sinn von etwas Grossem, dem ich mich nicht entziehen kann. Als Freund bin ich aufgefordert, ins Offene zu kommen. Ich bin also Freund und jemand lädt mich klar und unmissverständlich dazu ein, mich zu zeigen, ohne Schutz und Fluchtmöglichkeit, einfach im Vertrauen darauf, dass mir nichts widerfährt, das mir schadet. Aufforderung, Authentizität und Vertrauen in glasklarer Poesie verpackt, eine Poesie, die nicht von dem lebt, was geschrieben steht, sondern von den Zwischenräumen, die mit ihr entstehen. Wenn ich mich in diese Zwischenräume fallenlasse, spüre ich Wohlklang in mir, eine schwebende Harmonie, die mein Innerstes ins Schwingen bringt. Wenn ich versuche, das Lyrische, das mich in meinen Seelentakt wiegt, in Prosa zu übersetzen, heisst das, dass ich aufgefordert bin, mich zu zeigen, meine Gefühle und Gedanken offen zu legen und mit den Menschen, mit dem, was mich beschäftigt und ausmacht, in Kontakt zu treten. Eine Kontaktaufnahme in einer freundlich gesinnten Welt.

Mit diesem offenherzigen Schritt kann ich in Beziehung zu meinem Gegenüber kommen und vielleicht erstaunt feststellen, dass ich mit meinen Nöten und Freuden nicht allein bin, dass es anderen genauso geht. Mein mich Öffnen erleichtert es meinem Gegenüber, in die Begegnung zu kommen und sich seinerseits zu zeigen. In dieser Offenheit liegt sicher ein Risiko, verletzt zu werden, aber ich bin unterdessen überzeugt, dass sich der Mut lohnt und die Menschen um mich herum froh sind, wenn sie spüren, dass sie sich mit mir auf der Athentizitätsbühne frei bewegen dürfen. Wenn ich das Risiko nicht eingehe, weil mich Angst vor Verletzung und Scham lähmt, mag ich kurzfristig vielleicht das Gefühl haben, noch einmal davongekommen zu sein, aber das stimmt nicht. Die Vermeidung blockiert den Energiefluss und irgendwann sind die „Staumauern" dermassen hoch und dicht, dass die Energie nicht mehr fliessen kann. Altes Unverdautes bleibt stecken und fault langsam vor sich hin und vergiftet mich kontinuierlich, bis ich nicht mehr in der Lage bin, meine Nöte weiter zu verstecken und der Dampfkessel zu explodieren droht. Ich weiss nicht, ob es mir in Zukunft immer gelingen wird, den Schritt ins Offene zu wagen, aber ich habe in den letzten Wochen bemerkt, dass wenn ich mich öffne, zu meinen Gefühlen stehe und mit den Menschen Kontakt aufnehme, unwahrscheinlich viel zurückkommt. Und nicht nur das, ich komme dabei vor allem auch mit mir selber in Kontakt und verbinde mich mit immer mehr Wesensanteilen von mir. Meine Kohärenz nimmt zu und damit steigert sich auch mein Selbstwertgefühl. Vier Worte, die eine Welt schöpfen und ein Leben massgeblich beeinflussen können, für mich wenigstens, und das ist viel. Also: „Komm! ins Offene, Freund!"

Erkenntnis des Tages

Ich habe hier für mich gelernt, dass gerade bei meiner erhöhten Nervosität der Sympathikus überreizt ist. Entsprechend tief ist der Reiz beim Parasympathikus. Einfach zu sagen, „dann entspann dich mal", funktioniert nicht. Dieses Missverhältnis steure ich nicht bewusst, es widerfährt mir durch eine falsche Wahrnehmung meines vegetativen Nervensystems. Was ich aber ändern kann, ist meine Herangehensweise bezüglich sozialer Kontakte. Neben dem Sympathikus und Parasympathikus existiert auch ein soziales Nervensystem, das massgeblich für die innere Balance verantwortlich ist. Wie ich mich mit anderen Menschen umgehe, zeigt also auch Wirkung bezüglich An- und Entspannung. Wenn ich den Mut habe, ins Offene zu kommen und mich dem Gegenüber zeige, so hat dies Einfluss auf die Ausbalancierung innerhalb meines autonomen Nervensystems.

Dienstag, 15. Februar

Haiku
Ich blicke zurück
Auf meine Reise zu mir
In mein Shangri-La

Musik
Schiller: Shangri La

Mein Shangri-La
Vor sechs Wochen habe ich mich auf die Reise zu mir gemacht. Ich habe meine Koffer gepackt, mein äusseres Zuhause verlassen und habe im „Schiff" eingecheckt für einen Törn mit unbekanntem Ziel. Nun nähert sich das Schiff dem Zielhafen, der mit dem Ausgangshafen identisch ist, aber die Fracht hat sich geändert. Ich werde zurückkommen mit Schätzen aus fernen Ländern und Regionen, die alle für intensive und tiefgreifende Erfahrungen stehen. Als ich meine Reise startete, war ich geschwächt und litt unter vielen körperlichen Symptomen, die sich als Resultat meiner inneren Aufruhr zeigten. Ängste, gestaute Wut, Trauer und viel Unverarbeitetes erschwerten mein Gepäck. Die Kapitäne und Matrosen nahmen mich in Empfang und versprachen mir nicht Heilung, aber sie nahmen mich in meiner Not wahr und begleiteten mich sechs Wochen auf meiner Reise zu meinem eigenen Shangri-La. In mir ist gleich zu Beginn das Bild des Entdeckers fremder Kontinente erschienen: Ich als Humboldt auf Expedition in meinem eigenen unwegbaren dunklen Kontinent. Die Wege waren noch nicht gepfadet, ich musste mich durch das Dickicht kämpfen und kam dabei an Orten vorbei, die für mich Schätze bereithielten, von denen ich keine Ahnung hatte. Ich lernte atmen, ich nahm meinen Körper als lebendiges Organ wahr, ich lernte mit meinen Füssen auf dem

173

Boden zu stehen, es gelang mir, mich gehen zu lassen, meinen Kopf zu lüften und dem Verstand Pause zu geben. Meine Seele geriet zeitweilig ins Schwingen und ich versöhnte mich mit meinem inneren Kind. Ich brachte den Mut auf, mich hinzustellen und meine Bedürfnisse zu formulieren, ich fand Markthändler, die bereit waren, meinen Konjunktiv gegen den Indikativ zu tauschen, ich entdeckte Entsorgungsstellen, wo ich meine Wenn und Aber deponieren durfte, ich machte Bekanntschaft, mit mir fremden Menschen, die mich vorübergehend begleiteten und mir wertvolle Hinweise für den Weg geben konnten. Ich durchquerte Sümpfe aus Zweifeln und Zukunftsängsten, ich machte Pause in virtuellen Bibliotheken, in denen ich Bücher und Kapitel meiner Lebensgeschichte beenden durfte, ich spazierte an den Ufern des Haiku-Sees, in dem sich Buchstabenfische tummelten und darauf warteten, sich sinngebend zu formieren. Ich liess mich von einem Klangkometen leiten, der mich näher an meinen Urgrund führte und dann, plötzlich und unverhofft stand ich an der Pforte zu einem Tal, in dem das Licht weich und warm strahlte, der Klangkomet sich auf der Erde niederliess, wo ein bezaubernder Blütenduft meine Sinne umgarnte und kleine Wolken, gewoben aus Harmonie und Frieden, am Himmel vorbeizogen und das Tal in einen warmen, wohltuenden Nebeldunst tauchten.

Im Gegensatz zum Buch „Lost Horizon" aus dem Jahr 1933, geschrieben von James Hilton, handelt es sich bei meinem Shangri-La nicht um einen utopischen Ort, sondern um eine Landschaft, die ich in mir sehen, spüren und erkunden kann. Sie mag zwar im Aussen keine identische Entsprechung haben, ist aber für mich aus der Innensicht durchaus identitätsstiftend. Es gibt aber auch Parallelen zum Shangri-La im Buch; es handelt sich um ein verstecktes Tal, das von aussen unter normalen Umständen nicht erreichbar ist. So ist es auch bei mir; es gibt niemanden, der den Weg in mein verstecktes Tal finden kann und das ist gut so. Es ist meine urpersönliche Seelenlandschaft, mein verstecktes Tal, *mein Shangri-La*. Die Schätze meiner Reise trage ich in mir und ich werde sie nach dem Anlegen im Zielhafen besonders sorgsam und liebevoll hüten. Und ich bin überzeugt, dass sie mit ihrer Leuchtkraft auch meine Aussenwelt in einem anderen Licht erscheinen lassen werden und somit für meine Nächsten sichtbar werden. Gestärkt und zuversichtlich fahre ich dem Festland entgegen und bin einfach dankbar, so vielen Wesensteilen von mir begegnet zu sein und dass ich schliesslich mein Shangri-La entdecken durfte, ein Ort, an den ich mich zurückziehen kann und Energie tanken darf, meine Seelenheimat.

Erkenntnis des Tages

Ich werde mit vielen neuen Erkenntnissen und reichen Schätzen die Reise nach Hause antreten. Ziel wird es sein, diese wunderbaren Landschaften in mir zu bewahren und meinen Entdeckergeist weiter zu pflegen. Ich bin sicher, dass noch unendlich viele Abenteuer in meiner Innenwelt warten, in einer Welt, zu der ich zumindest hier in der Klinik die Eingangspforte gefunden habe.

Mittwoch, 16. Februar

Haiku
Die Zeit stundet sich
Nun heisst es Abschied nehmen
Ein- und ausatmen.

Musik
Scott Walker: Angels of Ashes

Abschied
Heute ist mein letzter Tag in der Klinik und ich staune, wie ich in Zeiten des Abschieds viel fokussierter auf äussere Symbole bin als sonst. Seit gestern regnet es ohne Unterlass und ich finde die trübe und gleichzeitig ruhige Stimmung passend für mein inneres Empfinden. Programm habe ich heute kaum noch, am Nachmittag Physiotherapie und sonst freie Zeit, in der ich mich mit dem Abschiednehmen beschäftigen muss und darf. Gerade jetzt, in diesem Moment, fühle ich Wehmut in mir. Von hier weggehen zu müssen, fällt mit schwer. Ich blicke auf den Rhein, der vor meinem Zimmer vorbeifliesst und der mir nun sechs Wochen lang ein treuer Begleiter war. Ja, ich werde ihn vermissen, auch wenn er als inneres Bild in mir gespeichert ist und weiter wirken wird. Die Vögel, die an meinem Fenster vorbeifliegen, die Geräusche im Haus, das Wissen um die anderen Menschen die hier als Patienten oder als Mitarbeitende anwesend sind, die wunderschöne kleine Altstadt, die mich auf der Rückseite der Klink anlacht, die Grenzbrücke, die Länder miteinander verbindet und der strukturierte Tagesablauf mit viel Zeit auch für meine individuellen Bedürfnisse – all das werde ich vermissen. Und trotzdem, bleiben möchte ich nicht. Ich spüre, dass die Mission, weswegen ich hierher kam, abgeschlossen ist und ich den inneren Drang spüre, mich zu neuen Ufern aufzumachen.

Diese neuen Ufer als solche zu erkennen, wird eine grosse Herausforderung für mich sein. Schliesslich kehre ich an meinen Ausgangspunkt zurück, an einen Ort, der geprägt ist, von jahrelangen Gewohnheiten und eingestanzten Lebenskerben. Diesen Ort als neues Ufer zu entdecken ist eine verzwickte Aufgabe, aber unentbehrlich. Ich will nicht, dass mein Leben genau dort anschliesst, wo ich vor meinem Klinikaufenthalt war. Die Tage in Rheinfelden sollen in der Erinnerung nicht zu einem sorgenfreien Timeout verkommen. Ich sehe sie viel mehr als Basis für die Gipfelbesteigung, die nun nach meiner Heimkehr beginnt. Das bedeutet, dass ich meine Trainingseinheiten, die ich hier unter kompetenter Führung üben durfte, nun alleine zuhause umsetzen muss und auch will. Mit anderen Worten, ich werde das alte Zuhause in nächster Zeit einer sanften Renovation unterziehen. Neues und Altes werden sich vermischen und zusammen ein neues Ufer für mich bilden. Auf diese Aufgabe freue ich mich, auch wenn ich jetzt, während des Schreibens, eine grosse Nervosität in mir verspüre, gepaart mit Tränen des Abschiednehmens. Aber es ist ein Mix, der sich richtig und organisch anfühlt. Nun möchte ich mich nicht weiter mit der bevorstehenden Ankunft zuhause befassen, sondern eintauchen in den bewussten Abschied von Menschen und von einer Zeit, die mir viel bedeutet und als Meilenstein in meiner Lebensgeschichte steht. Nun denn, ich halte mich dem Abschied hin.

Erkenntnis des Tages
Ich halte mich dem Lebensfluss hin und denke nicht an morgen. Heute heisst es für mich Abschied nehmen, das ist alles für heute.

Donnerstag, 17. Februar

Haiku
Vorbei und voran
Zu den Ufern, alt und neu
Nach Hause gleiten

Musik
Vangelis: Movement X (Epilogue)

Ankommen
Mein Klinikaufenthalt ist Geschichte. Ich öffne die Türe und komme nach Hause, das nicht mehr dasselbe ist wie vor sechs Wochen. Noch stehen meine Möbel, hängen die Bilder, wartet das Bett und die Bücher blicken aus den Regalen, aber sie werden nicht mehr dieselben sein, weil ich ein anderer bin und sich die Dinge um mich herum mit meinem veränderten Blick auf sie, ebenfalls verändern werden. Wir werden uns gegenseitig neu kennenlernen und darauf freue ich mich. Ich betrete meine Wohnung, absichtslos in meiner Entdeckerstimmung, die mich schon durch meine Klinikzeit geführt hat. Ich stelle meine Koffer hin, setze mich erst mal an den Tisch und lasse kommen, was kommen mag, ich komme an. War es gestern einfach nur Abschied, so ist es heute einfach nur Ankommen. Ich komme an und bin.

Danksagung

Die Zeit in der Klinik war für mich sehr wertvoll und ich spüre eine grosse Dankbarkeit für die Unterstützung, die ich während dieser Zeit, aber auch davor und danach erfahren durfte und darf. Mein Dank geht an meine Partnerin, meine Familie und meine Freunde, die sich sehr liebevoll um mein (Wohl)-Befinden gekümmert haben und auch in meinem Alltag für mich da sind. Ich bin froh, dass ich gelernt habe, zu meinen Schwächen und zeitweiligen Leiden zu stehen. Mit diesem Schritt bin ich für mich und mein Umfeld „greifbarer" geworden und somit erlebe ich das Mitgefühl meiner Liebsten viel intensiver, als zuvor.

Mein Dank richtet sich aber auch an die kompetenten Fachkräfte der Klinik Schützen in Rheinfelden. Das interdisziplinäre Zusammenspiel schuf ein Netz von Interaktionen, auf dem ich lernte, mich meinen Ängsten zu stellen und mit ihnen umzugehen. Das Zusammenspiel von Kopf- und Körperarbeit war für mich fruchtbar. Ich versuche, das Gelernte in meinen Tagesablauf zu integrieren, was mir immer wieder recht gut gelingt. Danken möchte ich auch jenen Menschen, die zufällig im gleichen Zeitraum zusammen mit mir in der Klinik waren. Zu sehen, dass andere auch leiden und über ähnliche Symptome klagen, hat mir das Gefühl des Verloren seins genommen. Mich mit Frauen und Mannern auszutauschen, dies im Rahmen einer Schicksalsgemeinschaft, war für mich eine sehr gute Erfahrung.

Zum Schluss möchte ich auch meinem Arbeitgeber danken. Das Verständnis, das mir von dieser Seite zu Teil wurde, rührt mich und erachte ich nicht als selbstverständlich. Die Geschäftsleitung stellte mein Gesundwerden immer in den Vordergrund und übte nie Druck auf mich aus. Dieses

Wohlwollen führte dazu, dass ich gerne an meinen Arbeitsplatz zurückkehren und mich schrittweise wieder einbringen werde.

Für mich ist der Spruch „Krise als Chance" etwas abgedroschen, aber ich durfte erleben, dass selbst in Zeiten, in denen es mir nicht gut geht, Menschen für mich da sind und sich für mich neue Wege auftun. Ich empfinde mich seit dem Aufenthalt in der Klinik vermehrt als ein Mensch, der unterwegs ist, weniger auf der Suche nach Glück, sondern viel mehr mit wachsamen Sinnen und einer Bereitschaft, mit dem umzugehen, was sich zeigt, ohne gleich in die Wertung zu gehen. Und so bin ich auch für die unangenehmen Stunden, die es nach wie vor gibt, dankbar.